太田昌国

〈脱・国家〉状況論

抵抗のメモランダム　2012-2015

現代企画室

〈脱・国家〉状況論

抵抗のメモランダム2012―2015

太田昌国

現代企画室

目次

第3章　国家ではなく〈妄想〉に賭けて

凡例

一　第1章に収めたのは、隔月刊の『社会運動』誌（市民セクター政策機構＝発行、インスクリプト＝発売）の第四一六号（二〇一五年一月）から第四一九号（同年七月）にかけて、「『外圧に抗する快感』を生きる社会」と題して四回連載されたものである。

二　第2章に収めたのは、「反天皇制運動連絡会」が刊行している月刊機関誌『反天皇制運動モンスター』第三六号（二〇一三年一月）から第三七号（同年二月）にかけて「太田昌国の、夢は夜ひらく」と題して、およびその後続誌『反天皇制運動カーニバル』第一号（二〇一三年四月）から第三三号（二〇一五年一一月）にかけて「太田昌国の、ふたたび夢は夜ひらく」と題して連載されたものである。連載の第三四回から第六七回にかけてのすべてを網羅して、新しいものから順に収録している。

三　第3章に収めたのは、右以外に二〇一二年から二〇一五年にかけて書いた／あるいは話したもので、この間の政治・社会・思想状況に密着した内容のものである。

四　いずれにおいても、最小限の加筆・訂正を加えた場合がある。

五　引用した発言・文献の参照元や書誌は、当該見開きの下欄左に寄せて註としてまとめた。下欄右のゴシック体の注記は、本書編集時（一部は執筆時）に加えた筆者による補論・付記である。

第１章　「外圧に抗する快感」を生きる社会

（Jan. － Jul. 2015）

I 「慰安婦」問題の背景

二〇一五年一月

1

一九六〇年前後、一〇代後半であった私は、キューバ、韓国、アルジェリアから吹きつける新しい風に触れて、「植民地」という他者の存在を強く意識した。歴史書を繙くと、日本の敗北を最後に第二次世界大戦が終わりを告げるとともに、まずはアジアで、次いでアフリカで、日本およびヨーロッパ列強の植民地とされてきた国々が次々と独立を遂げていく過程を重視した記述が目立った。植民地主義の時代への弔鐘が鳴り響いていたのだった。ヨーロッパ中心史観に基づいた世界史認識の方法や世界観を変革する動きが、旧植民地の独立革命という現在進行形の具体的な裏づけを伴って、始まっていた。

そして、一九六〇年以降の半世紀は、私たちにとって、それらの「独立」と「革命」の結果をある程度まで見届ける歳月でもあった。国別に個別具体的に述べなければならないことを乱暴にも総体的な印象でいえば、各地の民衆がそれに託した夢や希望が彼の地で見事に実現しているわけでは、必ずしも、ない。一定の成果を数え上げることができる場合であっても、指導部と民衆の関係、自立的な経済基盤の形成、植民地構造からの全面的な脱却、人権の確立、民主主義と言論の自由など、人が生きていくうえでの基本的な諸問題で大きな困難を抱えて立ち竦んでいる国は多い。真の「独立」や「革命」は、見果てぬ夢に留まっている事例は少なくないのである。もちろん、それは他人事ではなく、諸大国が主導する世界全体の政治・経済・軍事の構造によって規定されている面があり、その意味で私たちは自らの立ち位置を検証すべき立場にいることを忘れるわけにはいかない。

さて、ところで、植民地主義・奴隷制度・人種差別主義・侵略戦争など、人類史に刻まれた〈負〉の歴史事象がどのような問題を孕み、それが現在どんな禍根となって残っているか――この問題意識は、現実の「独立」や「革命」の停滞ぶりを思えば意外なことに、世界の人びとの間に、静かに、深く浸透しつつあるように思える。それは、多くの場合、国連という国際機関のイニシアティブの下で開かれる、政府と民間の代表が参加する国際会議の場での討議課題となっている。日本社会での関心は低いが、これは、十分に注目すべき事態であると私は思う。

二〇〇一年八月三一日から九月八日にかけて――あの「9・11」事件の直前に――長年続いた人種隔離体制（アパルトヘイト）を廃絶して間もない南アフリカ共和国のダーバンで「人種主義、人種差別、排外主義、および関連する不寛容に反対する世界会議」※が開催された。国連主催のこの会議では、奴隷制・奴隷貿易および植民地主義などの歴史的評価をめぐって加害国と被害国との間で熾烈な討論が交わされた。最終宣言文書には、かつて奴隷制や植民地主義を実践した側が責任を回避する内容が含まれていたとはいえ、従来は一度として問われたことのなかった歴史的過去の責任が国際会議の場での議題となったこと自体が、画期的なことであった。だが、これには忘れてはならない前史がある。一九九二年――コロンブスのアメリカ大陸到達から五〇〇年目を迎えた年――に、「発見された」当事者の地であるラテンアメリカでは「先住民族・黒人・民衆の抵抗の五〇〇年キャンペーン大陸会議」が開かれた。「発見」から「出会い」、否、むしろ「抵抗」の歴史観への転換点を告げる重要な会議であった。時期を同じくして日本も含めた世界各地で、コロンブス航海以降に形成された近現代の世界秩序を問い直す動きが見られた。※※帝国―植民地問題が、歴史分析の基軸に据えられた

※　この会議の意義を知るには、ネット上には、一般財団法人アジア・太平洋人権情報センター（ヒューライツ大阪）http://www.hurights.or.jp/archives/durban2001/や反差別国際運動（IMADR）http://imadr.net/wordpress/wp-content/uploads/2012/10/D2-3.pdfなどがある。二〇〇一年の会議が「一回性」に終わることなく、その後もさまざまなレベルで、この会議の精神を引き継ぐ試みが積み重ねられていることがわかる。書籍では、永原陽子編『「植民地責任」論――脱植民地化の比較史』（青木書店、二〇〇九年）、徐勝、前田朗編『文明と野蛮を超えて――わたしたちの東アジア歴史・人権・平和宣言』（かもがわ出版、二〇一一年）などがある。

※※　書籍には、中米の人びとと手をつなぐ会編訳『コロンブスと闘い続ける人々――インディオ・黒人・民衆の抵抗の五百年』（大村書店、一九九二年）

のである。翌一九九三年にはナイジェリアのアブジャで、「補償に関するパン・アフリカ会議」が開かれた。※※※奴隷化・植民地化・新植民地化によってもたらされた損害は過去のものではなく現在のものであるが、ここで問われるのは、加害国の罪ではなくその責任であるという意図が、最終宣言で明確に述べられた。これらふたつの先例は、次のことを示している。すなわち、被害者側がまず声を上げることによってこそ、かつての植民地主義国も含めた国際社会が、人権や歴史的な正義に関わる諸問題に向き合うようになったこと、これである。

　同時に、こと人権に関わる問題については、近代国民国家の枠組みを尊重しながらも国際的な論議の場をつくろうというこの試みに注目するなら、さらに遡って起点を定めることができるように思える。それを、「日本の全共闘運動」、「パリ五月」、「プラハの春」などの重大な出来事が集中して起こった一九六八年から、ジョン・レノンが「国なんてものがないと想像してみよう。それはむずかしいことではないんだよ。そのために殺したり死んだりするようなものがないということは」と歌った、ヴェトナム戦争のさなかの一九七一年にかけての時期ではないか、と措定してみたい。なぜなら、この一連の動きからは、人びと（とりわけ若者たち）の間に、自らを包摂し

がある。区切りのよい数字にこだわる「記念祭」的な発想は安易に流れやすい。しかし一九九二年を生きていた人びとが、世界各地で期せずして持った「コロンブス五〇〇年」という問題意識の場合には、十分に有効な働きをしたというのが私の実感である。この年にノーム・チョムスキーが書いた文章に私は深く共感した。「状況の変化は全般についていえる。一九九二年を考えてみよう。コロンブスの五百年めが一九六二年だったなら、その記念は、コロンブスのアメリカ大陸『解放』を祝うもののみであったろう。一九九二年には、『解放』を祝う反応一色というわけにはいかなった。ほとんど全体主義的ともいえる統制になれていた文化支配人たちは、これによりヒステリー状態に陥った。これら文化の支配人たちは、アングロ・サクソン以外の人々と文化とに敬意を払うことを要求する行為は、『ファシズムの行き過ぎ』であるとどなり散らしている」（『アメリカが本

てきた「国民国家」、すなわち、ゆるぎない存在と考えてきた「国」なるものへの疑念が生まれたのではないか、と考えることができるからである。これは外在的な推定ではなく、その渦中にあった私自身の、そして共にいて語り合った友人たちの実感に基づいた物言いである。※

　奇しくも同じ一九六〇年代には、時に内向きに強制力を働かせがちな国民国家に対して、国際規約や条約によって枷を嵌める試みが始まっている。「国際人権規約」「経済的、社会的及び文化的権利に関する国際規約（A規約）」「市民的及び政治的権利に関する規約（B規約）」などが国連で定められたのが出発点であった。その後も、先住民族、女性、子ども、障害者など、従来はその権利を剥奪されてきた〈弱い存在〉を「保護」する国際規約が次々と成立して現在に至っている。人類史を支配してきた男性原理に基づいて成立した国民国家も、ようやくにして、これまで〈周縁部〉に追いやってきた人びとが享受すべき権利について十分な考慮を払わなければならない時代が来たのだ。

　このことは、次のようにも意義づけることができるかもしれない。国民国家の内側にあって、その揺らぎ、あるいは来るべき〈崩壊〉（それは、およそ二〇年後には、抑圧国家・ソ連邦の瓦解という形で実現した。いまは

当に望んでいること』益岡賢訳、現代企画室、一九九四年）。

※※※　「アブジャ宣言」の全文（英語）は、以下で読むことができる。http://ncobra.org/resources/pdf/TheAbujaProclamation.pdf

※　「国民国家のゆらぎ」と、人権問題に関わる国際規約や条約の締結に向けた努力とを結びつける視点は、言語学者であった故・金子亨氏からも示唆を得ている。私が釧路で高校時代に通っていた英語塾の講師であった氏は、後年シベリヤ諸先住民族およびアイヌ民族の社会と言語文化の研究を軸に、広くユーラシア学を究めつつあった。氏は、消滅の「危機に瀕した」少数民族・先住民族言語を守るための国際的な努力に注目した。その成果は『先住民族言語のために』（草風館、一九九九年）にまとめられている。一九九〇年代以降、アイヌ民族の諸権利

安穏としているいかなる国家といえども、同じ惨めな運命にいつ見舞われるか、わかったものではない）を鋭敏に察知した若者の問いかけに応えるかのようにして、ひとつの国家の器量では解決できない困難な問題として投げ出されてしまうような課題に取り組もうとする、国境を越えた共同の事業が開始されたのだ、というように。国連の組織構造そのものに、そしてそこから打ち出される任意の方針に、また加盟している各国政府の対応にまま見られる打算的態度に対しては、日ごろから深い批判を持つ私も、時に国連の内部からのイニシアティブもあって実現しているこのような動きの意義を認めないわけにはいかない。国民国家の過去・現在を無限に肯定し、国家の硬い壁を打ち固める時代は終わりを告げたのだ。

　韓国の金学順さんが、自分は旧日本軍の「慰安婦」だったと名乗り出て、日本政府に謝罪と補償を求めて提訴したのは一九九一年であったことに、ここで注目したい。時間的な文脈は、右に見た、人権をめぐる国際的な関心の高まりのそれに完全に一致している。国際社会がこれを重大な問題だと認識して今日に至っているのには、十分な理由があるのである。こうして「慰安婦」問題をめぐっては、一九九六年以降、国連諸機関や各国議会からは、日本政府に正確な事実認定、被害者への公的な謝罪と補償、加

を獲得する活動の中で、共に和人（シャモ）であった氏と幾度も同じ場所にいることで、私が得たものは大きい。氏については、『【極私的】60年代追憶』（インパクト出版会、二〇一四年）の「第六章・権力を求めない社会革命」でも触れた。

害者の処罰、次世代への教育などを求める勧告と決議が次々と出されている。国連人権委員会、ＩＬＯ専門家委員会、国連社会権規約委員会、国連女性差別撤廃委員会、国連拷問禁止委員会、米国下院、オランダ下院、カナダ下院、ＥＵ議会……などである。これらは、先に述べた、過去の悲劇的な事例にまで遡って普遍的な人権の確立に役立てようとする、いわば〈類的な〉努力の一過程である。人権および民族間の公平な関係の確立に向けた人類の歩みが、いまだ途上にあり、まだ不十分な部分を抱えているとしても、この意義は大きいのだ。この間に出された日本政府への勧告と決議のリストが延々と続くということは、歴代の日本政府がこの国際的な共同の努力を無視して、果たすべき行為を履行してこなかったことを意味している。

※　一九九三年八月四日、当時の宮澤喜一政権下の河野洋平・内閣官房長官は、日本軍「慰安婦」問題に関わる第二次調査結果を発表した。そこでは、慰安所が軍の要請によって設置され、「管理および慰安婦の移送については、旧日本軍が直接あるいは間接にこれに関与した」ことを認め、それは「本人たちの意思に反して行なわれた」として、謝罪した。

2

このような世界風景の中に、ひとりの人物を抛り出してみる。この男は、二〇〇六年から〇七年にかけて初めて首相の座に就いた時に、国会で「慰安婦」問題を問われて、こう答弁した。「官憲が家に押し入って人さらいのごとく連れて行くという強制性、狭義の強制性を裏付ける証言はなかった」(1)。

彼がこの論点にこだわるのは、したがって「慰安婦」に対して日本国家（日本軍）はいかなる強制力も行使していないという結論を導くために、である。事実、日本政府はこの答弁に基づいて、三月一六日に、強制性を否定する答弁書を閣議決定した。すでに多くの批判がなされてきているように、問題は、人さらいのような手法があったか否か、にはない。逃れようのない国軍での「慰安婦」としての強制使役それ自体が、問われているのだ。故意なのか無知にして無恥なのか、問題の本質に気づかぬ彼は、これで逃げおおせたとでも考えていたのだろうか。だが、アジアの被害当事者からの批判には一貫して見向きもしないこの人物・安倍晋三にとって不幸なことには、彼が信頼し依存してやまない米国では、前年から議会でも政府でもメディアでも、日本政府が第二次世界大戦中の「慰安婦」問題に関する責任を認めるよう要求する動きが拡大していた。首相答弁と閣議決定を聞いたシーファー駐日米大使は「（安倍発言は米国内に）破滅的な影響を及ぼす」と警告した。米国内からも強まる批判に驚いた安倍首相は、四月の訪米時に与野党の議会指導者と会談し、河野談話※の継承と、元「慰安婦」に対し「きわめて苦しい状況に置かれたことに申し訳ない気持ちでいっぱいだ」と詫びる気持ちを表明する事態にまで追い込まれた。同月末の日米首脳会談でも、安

（1）参議院予算委員会、二〇〇七年三月一日

倍首相は「慰安婦」に対する人権侵害を事実上認め、ブッシュ大統領（当時）に詫びた。謝罪する相手が違うだろうという指摘は、ブッシュ大統領の口からも、日本のメディアからも聞かれなかった。

私が当時、テレビや新聞で見ていた印象から言えば、安倍晋三から生気が急速に失われていったのは、このころからであった。それから五ヵ月も経たない九月に彼は病気を理由に唐突に首相を辞任した。私は、折りから行なっていた、拉致被害者家族会の元事務局長、蓮池透氏との討議の中で、頼みの米国指導部とメディアからの批判に、彼が精神的に耐えられなくなったことも、持病の悪化と辞任の大きな理由だろうと推察した。[2]

政権交代を実現して成立した三代にわたる民主党政権の「失敗」と自民党内の勢力争いの混乱状況に乗じて、健康を回復した安倍晋三が再度首脳の座に就いたのは、第一次政権を投げ出してから五年後の、二〇一二年のことだった。政権投げ出しを批判され、「自信と誇りは粉々に砕け散」り「地獄を見た」と語っていたという彼だったが、[3]「慰安婦」問題については今回もまた、地雷を踏むような発言を続けている。「朝日新聞の誤報による、吉田清治という、まぁ詐欺師のような男が作った本がまるで事実かのように、日本中に伝わっていった事でこの問題がどんどん大きくなっていきました」。[4]

「侵略という定義については、これは学界的にも国際的にも定まっていない。これは国と国との関係において、どちら側から見るかということにおいて違う」[5]。

二〇〇七年に米国議会指導者やブッシュに語ったという「お詫び」の気持ちですらが、完全に覆されている。米国議会からも政府からも、「不快」のサインは出ていようが、支持率低下で「死に体」状態にあるオバマ政権には、他国の政権の個別政策に強く口出しする余裕はないと首相およびその側近は見抜いているようだ。これは、安倍首相が得意とする「言葉の使い分け」であろう。国内に向けてはAと言い、国外（アジアの被害国）に向けてはBと言い、米国という「特別な」国外に向けてはCという。どのメッセージが彼の本音なのかを、意図的に隠すための詐術である。あるいは、これは官房長官の専権事項だと言って、自らは発言することを控え、官房長官にすべてを言わせることで、首相としての責任を免れる。私は、どんなに反対の意見を持つ相手に対してもある種の「敬意」を払いつつ批判できればよいと考える者であるが、現首相のことを思い浮かべると、いつも絶望感に襲われる。世の中には「敬意」の払いようもない人間存在というものはあるものだ、とつくづく思わざるを得ないからである。最高の権力を有する立場

（2）蓮池透、太田昌国『拉致対論』太田出版、二〇〇九年
（3）「「地獄」からの5年――安倍首相、雌伏の日々」『毎日新聞』二〇一三年四月二八日
（4）日本記者クラブ主催党首討論会、二〇一二年一一月三〇日
（5）参議院予算委員会、二〇一三年四月二三日

にありながら、論理も倫理も政治哲学も持たず、透徹した歴史感覚も備えていないことが歴然としており、それでいて威張り散らすだけの小人物であるからには。

だが、安倍晋三は、すでに述べたように、現代史上二度までも支配的な保守政党の総裁にまで上り詰め、議会構成上の必然として、これまた二度までも首相になりおおせている。一度目の政権放棄が、これ以上はないほどの惨めな姿をさらけ出したにもかかわらず、にだ。世論調査なるものが、全的な信頼に値するものではないにしても、歴代の政権と比較すると、この安倍政権の支持率は決して低くはない。むしろ、高いほうだといえる。なぜ、こんな倒錯が罷り通るのだろうか。古今東西の歴史を顧みても、どの地域の民衆も、或る時代、このような状況下に呻吟した経験をもっている。たとえば、一六世紀フランスの思想家、エティエンヌ・ド・ラ・ボエシのすぐれた書『自発的隷従論』(6)を援用してそれらに共通な性格を取り出し、一般論として展開しうる議論の領域はあるのかもしれない。だが、私たちは、二一世紀初頭の日本にあって、この政権の存立を可能にしている特殊な諸状況をこそ分析しなければならない。

3

安倍晋三が、いわゆる政界に入るに至る経緯には、日本のブルジョワ政治世界につきまとう、惨めなまでの安易さがよくにじみ出ている。大学を卒業し、大手の鉄鋼メーカーに勤務していた安倍は、一九八二年中曽根内閣で外相に任命された父親（安倍晋太郎）に、突然「オレの秘書官になれ」と言われる。「いつからですか」「あしたからだ」。当時二八歳であった安倍は考える。「急な話だったが、もともと考えてはいたことだし、これも運命だと思って決断した」。なぜなら、「父、そして祖父も政治家だったので、わたしも子供のころは素朴に父のようになりたいと思っていた」というのだ。(7)
ここに見られるのは、ジバン（地盤）・カンバン（看板）・カバン（鞄）の三セットが各地につくり出している政治家を取り巻く利権構造をごく〈自然体で〉受け入れている精神であり、「公」の職務に何のためらいもなく持ち込まれている、子どもじみた「わたし」一族の運命論である。

祖父・岸信介については、こんな記述がある。「祖父は、幼いころからわたしの目には、国の将来をどうすべきか、それればかり考えていた真摯な政治家としか映っていない。それどころか、世間のごうごうたる非難を向

（6）西谷修監修、山上浩嗣訳、ちくま学芸文庫、二〇一三年
（7）安倍晋三『美しい国へ』文春新書、二〇〇六年

こうに回して、その泰然とした態度には、身内ながら誇らしく思うようになっていった。間違っているのは、安保反対を叫ぶかれらのほうではないか。長じるにしたがって、わたしは、そう思うようになった」。仮に一〇歳前後の幼子からしてみれば、祖父についてのこういう物言いはあり得るかもしれない。しかし、上の表現を書いたのは齢五〇を超えた政治家だと知れば、失礼ながら、その幼稚さに驚かない者はいないだろう。

人間の子どもは、精神的な成長の過程で、いつしか「親を殺す」。愛のゆえにであろうと、憎しみの果てにであろうと、愛憎半ばしてであろうと、ひとは、子ども期から青年期に至る過程で、一度は親を殺さずにはいられない。それが、精神的成長の証し、というものである。ひとが長じて、自らの人生をふりかえるとき、その時点での親子関係がどのようなものであれ、かつてそんな時期があったことを思い起こす。優れた作家や劇作家が、このことをテーマにした作品を残しているというのも、それは人間が必然的に経験するドラマだからだ。現実の惨劇には至らぬ「精神の殺人劇」が、人間には必須なのだ。だが、稀有な例外があることを、安部晋三の本は明らかにする。

しかし、彼が入り込んだ政治の世界には魔物、むずかしい字を使うなら魑魅魍魎が住まう。政権党の有力政治家である父親の秘書として政治の世界に足を踏み入れた安倍も、否応なく、荒っぽい修行の中で試行錯誤を重ねる。その狭い枠内では、それなりに鍛えられる。ある家族から、ヨーロッパに留学していたはずの娘が北朝鮮にいるらしいから助け出してほしいという陳情を受けるのは、安倍が秘書時代の一九八八年のことである。それから、父親の死をうけて一九九三年に衆議院議員に初当選し、議員初期の活動を経て、拉致被害者家族会と拉致議連が結成される一九九七年までのおよそ一〇年間、安倍が確かに、自らが属する自民党の中にあっても奇異に見られるほど「拉致問題」の解明に取り組んだことは、彼が位置する政治的立場はどうあれ、認めなければならない。

安倍は、自著においてこのあたりの時期の経緯にも触れており、孤立無援にも耐えて自分だけはいち早く拉致問題に取り組んだとの自負はうかがうことはできるが、叙述そのものは平板で、見るべきものは少ない。ところが、元共同通信記者で、安倍の父親が現役であった時代から自民党を担当していた野上忠興が著した『ドキュメント安倍晋三――隠れた素顔を追う』(8)を読むと、印象は一新される。野上は、安倍はもちろん周辺の政治家や関係者たちへの聞き取りをよくやっており、その証言の信憑性はかなり高

(8) 講談社、二〇〇六年

いと考えてよいと思われる。

秘書時代の一九八八年に拉致事件のことを初めて耳にした安倍が、二〇〇二年の日朝首脳会談前後に至るまでの一〇数年間に、ただひとつこの問題を通して、自民党およびその主導下にある政府の中枢に上り詰めていく過程には、彼の本質を見極めうる要素が想像以上に含まれていることが、本書を通じて理解できた。安倍が拉致問題への取り組みを通して、そのような場へ浮上できるためには、野上も言うように、「運」に恵まれていた面があった。それは、自民党的な年功序列秩序を壊して、森政権（二〇〇〇年七月）および小泉政権（二〇〇一年四月）において、相対的に若い安倍が連続して官房副長官に任命されたことである。これが、二〇〇二年九月の小泉訪朝の際に、安倍がこれに随行するという機会がつくられることに繋がる。

小泉訪朝計画は、当時の官房長官・福田康夫と外務省アジア大洋州局長・田中均という、対北朝鮮「融和派」によって推進された。拉致問題をめぐっては何かと口出しをする「うるさい」安倍は、徹底的に蚊帳の外におかれ、彼は日程発表直前までそのシナリオを知る由もなかった。ピョンヤンでの午前の会議の前に「拉致被害者五人生存、八人死亡」の情報を得ていた日本側に、金正日の謝罪の言葉はいっさいなかった。昼食のための待合室で、北朝鮮当局が盗聴器を仕掛けていることを意識しながら、安倍は小泉に迫った。「(午後の会議で)謝罪の言葉がなければ、宣言調印はせずに、席を立って帰るべきだ」。「そうだな」と小泉は答えた。午後の会議の冒頭、金正日は謝罪した。これは、安倍をして、「わたしは日朝交渉で金正日委員長にじかに接し、その交渉のしかたを観察したが、一部の評論家がいうような愚かな人間でもなければ、狂人でもない。合理的な判断のできる人物である」と書かせることに繋がっていよう。

これらの情報は、メディアにおいても事後的に、大なり小なり報道された。「融和派」のお膳立てに安倍がギリギリの地点で抵抗したという「物語」は漏れ伝わり、拉致被害者家族会とその周辺での安倍に対する信頼感は、より強固なものになった。拉致被害者の命運を知って、一途に激昂した日本社会の「世論」にあっても、安倍人気は一気に高まった。その後の局面における安倍の出処進退には、ここで一般的に獲得しえた「肯定的な評価」を背景にした「強さ」が見られることになる。

これを機に「融和派」への反攻に出る安倍の姿を、野上の本は詳細に描いている。「融和派」と安倍が攻守ところを変えた分節点は、二〇〇二年一〇月一五日、二四年ぶりに帰国できた拉致被害者五人の「処遇」をめぐって起こった。田中＝福田ラインは、「一〇日間程度の一時帰国というのが北朝鮮との約束だ」と言って、五人をいったん北朝鮮に戻すことが今後の交渉進展のためには不可欠であると主張した。安倍は「あんたは北朝鮮外務省の人間か！」とまで田中をなじった。安倍の動きを知った福田も、安倍を官房長官室に呼び「君は、何だ、余計なことをするんじゃない！」と叱責している。※この時期を回顧する安倍の直接的な言葉が野上の書にあるわけではないが、関係者が語り伝えている当時の安倍の「余裕ある」態度を見れば、「世論」が自分に味方していることに、安倍はこの上ない自信を得てふるまっていることがわかる。

拉致は確かに、北朝鮮が犯した冷酷な国家犯罪である。私は『「拉致」異論』(9)において、この問題の基本的な捉え方を述べたので、ここでは繰り返さない。ただひとつ、これを機に、従来も決して十全とは言えなかったが、植民地問題に向き合う日本人の意識はいっそう希薄になった、という事実は指摘しておきたい。希薄どころか、拉致被害者の一家族が語った「〈過去の植民地支配の贖罪〉という呪縛から放たれた」(10)という言葉が社会全体を覆いつくしてしまった。いわば社会全体が、被害者としてふるまうようになったの

※　『朝日新聞』は二〇一五年六月以降、安倍首相の周辺を探る調査報道記事「70年目の首相」を連載している。六月二七日付ではこの時期を扱っており、福田＋田中ラインと安倍ラインの角逐に触れて、「小泉（首相）は安倍の主張を選んだ」と記している。拉致被害者の兄・蓮池透は「（安倍が）戻すのをとめた、というのは美化されすぎた話」と語っており、「一時帰国」していた被害者自身の、苦渋に満ちた自主的な判断によるものとしている。他方、当事者であった福田康夫は二〇一五年九月七日付『朝日新聞』で、「五人を北朝鮮に戻さないことを決めた」政府の決定プロセスの一端を語っている。そこでは安倍との激しい確執には触れずに、被害者五人が「帰らなくてもよい」との意思を示したことが決定的だったとしている。同時に当時の心境として「北朝鮮からすれば金正日総書記が謝罪し、拉致を認めたということは非常に大きなことで、その後も交渉を続けた

である。この社会的雰囲気を醸成するうえで、マスメディアが果たした役割は決定的に大きかった。歴史的過去を冷静に顧みる報道姿勢は、ほぼ消えた。

安倍晋三が、いわゆる「政界」の中でその存在感を高めてゆく社会的な基盤は、こうして形成された。すでに見たように、安倍はその後、「地獄」を見る試練にもさらされるのだが、背景としての社会状況は、ますます安倍に有利に働いてきた。外国人の存在に公然と嫌悪感を示し、日本という国民国家の裡に狭く閉じこもることを主張する〈草の根市民〉が一定の層をなして登場している。歴史認識問題や領土問題をめぐっての近隣アジア諸国との緊張も、「慰安婦」問題をめぐる米国からの「修正圧力」も、彼らは、偏狭で排外主義的なナショナリズムを強化するための糧にしている。「外圧に抗する」ことを「快感」として生きる社会層が現われているのである。

本稿冒頭で見たのは、人間の尊厳や人権に関わる課題に対しては、国家の垣根を低くしてでも国際基準をつくり、個別の国家がこの基準に沿うよう促す、世界に共通する努力の過程であった。二〇世紀末以降のこの間、日本社会はこれと真っ向から対立する方向へとひたすら歩み続けている。それはなぜなのか。それをメディア状況などのなかに、さらに探り続けなければならない。

いという気持ちの表れと理解していた」としている。

(9) 太田出版、二〇〇三年、その後二〇〇八年に河出文庫

(10)『朝日新聞』二〇〇二年一一月一〇日における増元照明の発言

Ⅱ　空虚極まりない安倍晋三話法

二〇一五年三月

※　一月二〇日、イスラーム国は日本政府に対して、七二時間以内に身代金二億円を支払わなければ二人の日本人人質を殺害するとのビデオ声明をインターネット上で公開した。声明は冒頭で次のように述べた。「日本の首相よ、お前はイスラーム国から八五〇〇キロ以上も離れているのに、自ら進んでイスラーム国に対するこの十字軍に参加した」。

1

本稿を書く準備を始めていた二〇一五年一月は、衝撃的な幕開けとなった。一月七日にパリの諷刺新聞社襲撃事件が起こり、同二〇日には、いわゆるイスラーム国が日本人二人を人質に取り、明らかな形で転換を遂げつつあった日本政府の対中東政策を批判して、二億ドルを支払わなければ人質を殺すと脅迫した。日本政府は、首相・官房長官・ヨルダン「現地」対策本部長の口を通して、「人質の生命を第一に」「関係各国と全力を挙げて協議」と語っていたが、姿なきイスラーム国との直接交渉が可能であるはずもなかった。首相は、ほかならぬイスラーム国に空爆を加えている主要国――米国、イギリス、オーストラリアの大統領や首相と電話会談を行ない、「緊密な連携をもって対処していく」と語るばかりであった。敵対している当事国の片方とのみ「緊密な連携を保ち」ながら、もう片方に捕われている

「人質の安全確保が第一」を謳う「対策会議」なる場で、いったい何を話し合っているのだろう、会議を開いているふりをしているだけではないのか、と少なからぬ人びとは気づいているに違いない、と私は思っていた。

結果は最悪なものとなって、現われた。「最悪」とは、日本人の人質二人が殺害されたという事実に限っていうのではない。イスラーム国とヨルダンの間では、互いに捕虜の死刑執行を行なうという応酬があり、すでに「有志国連合」の一国としてイスラーム国支配領域への空爆に参加してきたヨルダンは、〈報復のために〉さらなる空爆を強化したというように、中東の現実は〈終わりなき復讐の連鎖〉の道を転げるようにして突き進んでいるという事実をも指して「最悪」というのである。この急速な事態の展開に「八五〇〇キロメートル以上も離れている」※日本は、その影を落としているのだろうか。責任の一端なりとも、有しているのだろうか。

私は、予定していた本稿の内容（そこでは、安倍晋三なる人物が、いわゆる政界に登場した一九九三年以降、拉致問題と「慰安婦」問題という歴史認識を問われる重要な案件をめぐって展開した詐術的話法と、それを隠蔽するためにどんなメディア工作を行なってきたか、に焦点を当てるつもりであった）にまっすぐ進む前に、今回の安倍政権の対中東政策が孕む諸問題に触れておきたい。私たちは、本稿の末尾で、「空虚極まりない安倍晋三話法」という結び目によって、両者の間には切っても切れない繋がりがあることを見出すことになるだろう。

2

「地球儀を俯瞰する外交」とは、安倍晋三が好む表現である。二〇一二年末の第二次安倍内閣成立以降、彼は歴史認識問題が棘のように突き刺さってくる近隣アジア諸国だけは避けながら、外遊を繰り返している。そこには常に、経団連の大企業の社長をはじめとする幹部たちが随行している。首相自らが日本製品を売り込むいわゆる「トップセールス」を行なっているのである。大企業が牛耳る「経済界」指導部の内閣支持を、献金と精神面の双方から盤石にする一方法であることは見えやすい道理だが、安倍時代になってからの特徴は、民主党政権も行なっていた原発輸出の働きかけに加えて、武器輸出・武器の共同開発のための動きがきわめて目立っていることである。外国から見れば、それは、ひとつには、自国で起きた事故を制御もできないでいながら、すべては「アンダー・コントロール（制御下にあ

※　この文章を書いたのは二〇一五年三月段階だが、その後いわゆる安保関連法案審議の過程で、軍需産業はますます露出の度合を高めた。その布石は、二〇一四年四月、閣議決定された、武器輸出を原則認める「防衛装備移転三原則」だった。一五年七月には、横浜で国内初の大規模な武器展示会が開かれる一方、自衛隊は米豪軍の大規模な軍事演習に初めて参加した。日本は豪州と潜水艦などの武器技術で協力する態勢を固めた。八月、政府は日本企業に課している海外の武器製造企業の買収規制を見直す方針を決めた。九月一五日、経団連は武器輸出を国家戦略として推進するよう「提言」した。同月には、防衛省が、民間企業の武器輸出を促進するために、同輸出事業に貿易保険の適用を検討しているとの報道があった。これは、万一赤字が生じたら、税金で損失補填することを意味する。同月、防衛整備庁が新設された。武器の研究開発から購入までを一元的に担いつ

る)」と嘯いて原発の輸出に血道を上げる、〈商売道〉にも反した日本型ビジネスの姿であり、ふたつには、戦後日本は大枠「平和外交」に徹してきたが、二一世紀に入り「反テロ戦争」への軍事的荷担の度合いを深めた挙句、ついに軍需産業の育成・強化と武器貿易にまで積極性を示し始めたものとして映っていよう。※保守党政治家のなかには、憲法九条の制約下にある日本に歯がゆさを感じ、「ふつうの国」になりたいという本音を洩らす者がよくいたが、その意味では、この社会は「戦争ができるふつうの国」に急速になっていきつつある。

二〇一五年一月一六日、安倍晋三は予定通りに中東外遊の旅に出た。エジプト(一月一六~一七日)、ヨルダン(同一七日~一八日)、イスラエル(同一八~二〇日)、パレスチナ自治区(同二〇日)という日程である。日程発表は同一三日になされた。二六社、およそ一〇〇人の企業幹部が同行した。この間の動静および発言を見ながら、問い質すべき問題点は、以下の項目だと思われる。

(1) イスラーム国が、二〇一四年八月には日本人一人を、次いで同一一月には他の一人を人質に取っていたことを、政府は同時期に熟知していた。その後、政府が繰り返すように「人質の生命・安全第一」の路線を採用する

つ、武器の「開発及び生産のための基盤の強化」を図ることを目的としている。自民党が政権に復帰して後、軍需関連企業上位九社からの献金は倍増し、他方安倍政権下での防衛予算も膨張を続けており、初の五兆円超えも目前となっている。この国は「死の商人」への道を一気に走り始めている。

なら、イスラーム国空爆に参加しているヨルダンや、イスラーム国がメッセージ上では従来さしたる関心を示してこなかったとはいえ、そのガザ封鎖や西岸入植地拡大の強硬姿勢で国際的にも孤立しつつあるイスラエルを、この時期になぜ訪問先に選んだのか。その最終的な判断の妥当性如何が当然にも問われる。

（2）一月一七日のエジプト演説で、「イラク、シリアの難民・避難民支援、トルコ、レバノンへの支援をするのは、ＩＳＩＬ〔イスラーム国〕がもたらす脅威を少しでも食い止めるためです。地道な人材開発、インフラ整備を含め、ＩＳＩＬと闘う周辺各国に、総額で二億ドル程度、支援をお約束します」と敢えて語ったのは、なぜか。アラブ思想史研究者・池内恵は、文言中の「ＩＳＩＬと闘う」は、外務省通訳によって“fighting against”ではなく“contending with”と通訳されたと述べて、その周到な「配慮」を讃えている。(11) 文字通り「軍事的に戦う」前者と異なり、後者は「取り組む」とか「立ち向かう」という意味合いをふくませた語句を使っているのだからという理由で。だが、イスラーム国はすでに、相手側の言動をいかようにも利用する〈政治技術〉に長けていること、インターネットを通じての情報把握能力や情宣力を十分に発揮していることを知っているなら、〈この時期に〉〈この地域で〉、敢えて「ＩＳＩＬがもたらす脅威」や「ＩＳＩＬと闘う周辺各国」と語った政治的意図の説明責任は生じるだろう。

（3）一月二〇日、イスラーム国の最初のメッセージが公表されると、「邦人殺害予告事案に対する日本からのメッセージ」が発表された。そこでは「今般の安倍総理の中東訪問は、中東地域の安定に日本として積極的に貢献することを発信するためのものであり、日本が発表した二億ドルの支援は、人道支援やインフラ整備などの非軍事分野の支援です」と語っている。また、急遽エルサレムのウォルドルフ・アストリアで、イスラエル旗と日章旗を背景に記者会見を行なった安倍晋三も「我が国が、このたび発表した二億ドルの支援は、地域で家を無くしたり、避難民となっている人たちを救うため、食料や医療サービスを提供するための人道支援です。正に、避難民の方々にとって、最も必要とされている支援であると考えます」と語った。これは、まさに、三日前にエジプトで行なった演説のうち上記（2）で指摘した箇所を取り繕うがための物言いではないのか。「しまった」と思ったからこその反応ではないのか。池内恵は上記サイトで、イスラーム国は日本国首相が表明した周辺国への支援が非軍事であることを知っていたと述べているが、ここからはとりもなおさず、首相はこの時点で「ＩＳＩＬがもたらす脅威」

（11）池内恵のウェブサイト『中東・イスラーム学の風姿花伝』（http://ikeuchisatoshi.com）、二〇一五年二月三日付

や「ＩＳＩＬと闘う周辺諸国」への支援などとは、戦術的にせよ言うべきではなかったという結論が導かれる。

（4）「現地対策本部」がヨルダンに置かれた点に関して、内藤正典らの中東専門家は当初から公的に批判と疑問を提起し、イスラーム国空爆に参加していないトルコこそそれにふさわしいと提言した。※ イスラーム国は、狡猾にも、日本政府のこの判断をその後の取引に活用した。日本政府はもとよりヨルダン政府も身動きできないという意味では「不等価」な、捕虜交換を提案したのである。ヨルダンに捕われているイスラーム国の捕虜と、イスラーム国の監視下にある日本人捕虜を交換するというのが、それである。当事者を三者にしておきながら、二者間の捕虜交換で済ませる方程式はだれにも解き得ない。進退窮まったヨルダン政府は、イスラーム国に捕虜となっているヨルダン兵士との交換を要求した。結果は、すでに述べたように、「復讐の連鎖」となって現われた。事態がこのように悲劇的に展開していく因果に、日本政府の言動は果たして無縁であるのか、という問いは必然的に生まれよう。トルコに対策本部を置くことを避けたことと、日本が推進しているトルコへの原発輸出との関連性も問われよう。

以上のように、今回の首相の中東外遊および諸発言に関しては、検証さ

※　対話なき武力行使に頼る欧米諸国の中東政策と、これに追随して今さら集団的自衛権行使の道を突き進む日本を厳しく批判する内藤正典の『イスラム戦争——中東崩壊と欧米の敗北』（集英社新書）が出版されたのは、まさしく二〇一五年一月二一日だった。氏はまた、インターネット上の発信力も強い。https://twitter.com/masanorinaito 具体的な政策立案に当たる外務官僚たちが当然にも参照すべき、専門家の的を射た意見であったはずだ。

れるべき重要な問題が存在する。私の考えでは、首相は、自らの野望である、世界のどこであろうと米国が主導する戦争への関与をいっそう具体化するためのパフォーマンスの場として今回の中東訪問を利用しようとしたのである。池内恵は、中東での首相の言動に外務省主導の細心の注意を読み取り、「これで巻き込まれたのは災難としか言いようがない」と断定している。私は日ごろ、池内が行なう中東・イスラーム世界の分析の深さと広さに多くを学ぶ者だが、今回の事態に関して、外遊の「時期」「地域(国)」「発言内容」など鍵となる要因とイスラーム国の動向との関連性をいっさい考慮することなく、日本政府をすべての責任から免罪するその非論理的な展開には驚くばかりである。

さて、国会質疑で、私が右に挙げたのと同じような視点での質問がなされたときに、首相はどう答えたろうか。エジプト演説について、首相は「演説を行なう影響も当然頭に入れて推敲した」と述べた。その結果「二億ドル」の言質を取られた反応が生まれたのだから、その「影響」をこそ事後的にどう捉え返しているかを答えるのが論議というものだろうが、それには触れないままやり過ごしてしまう。しかし、多言は必要ない。一つだけ具体的な例を挙げよう。二月三日の衆院予算委員会における共産党・小池晃議員とのやり取りである。

小池議員　拘束されていると知りながら演説をすれば、ふたりの日本人に危険が及ぶかもしれない、という認識はなかったんですか？

安倍首相　私たちは過激主義と戦うアラブの国を支援することを表明したんです。いたずらに刺激することは避けなければなりませんが、同時にテロリストに過度な気配りをする必要はない、と思うわけであります。

小池議員　過度な気配りをせよ、などとは私は一言も言っていないですよ。総理の言葉は重いわけです。

安倍首相　小池さんの質問は、まるでＩＳＩＬ（イスラーム国）に対して批判してはならないような印象を我々は受けるわけでありまして、それはまさにテロリストに屈することになるんだろう、と思うわけであります。

小池議員　そんなことは言ってない……。（この後、場内騒然）

議事録から書き写しながら、ひどく徒労感を覚える。政治家の言葉に、曖昧さ・ごまかし・嘘・はぐらかしを感じ取るのは、哀しいが、ありふれた光景だ。だが、小泉純一郎が首相の時代に、何かが決定的に変わった。いかにも自信あり気に、短い言葉で何ごとかを論理的な根拠もなく断言するのである。そこに論理のすり替えがあることなどは、日常茶飯のことだ。だが「決められない」政治に飽いていた世間はそれを受け入れる。喝采さえする。安倍晋三は、小泉話法をさらに「進化」させた。相手が言ってもいないことを、さも言ったかのようにして、語るのである。決め台詞は「私が最高責任者です。責任は私が引き受ける、と思うわけであります」である。

インターネット上で、いわゆるネット右翼と呼ばれる者たちが愛用する話法と瓜二つであることに、人は気づくだろう。安倍晋三とネトウヨは、その思考方法も話法も、区別がつかないほどに相似形なのだ。こうして、政治家に当然にも要求される資質とはまったく無縁に、安倍晋三という「裸の宰相」は生きている。しかも宰相は、裸であることも知らぬげに叫んでいる――「武官と日本人施設の警備員を増員しよう、在外邦人救出のための自衛隊の駆けつけ警護と武器使用の可能性を検討しよう」、と。裸であることを忠告することもできない取り巻きも言っている――「人質事件に関わる情報は、特定秘密に該当するものもあるので、すべてを公表するわけにはいかない」、と。子どもと違って、宰相が裸であることを見抜くことができない一部の大人はネット上で叫んでいる――「国家危急の時に政府批判を止めよ。それはテロリストを利する」「お前はテロリストに味方するのか」、と。

二〇一五年、この社会に広がるこの荒涼たる光景は、いったい、どこにその出発点を求めることができるのだろうか？

3

対峙している相手に対して、強硬路線を一途に突っ走ること――安倍晋三のこの姿には既視感がある。前号で私は、拉致問題をテコに政界に急浮上していく彼の姿を簡潔にスケッチした。そこでも述べたように、二〇〇二年小泉首相訪朝時に、彼は官房副長官を務めていた。それは二〇〇六年の小泉退陣時まで続いた。二〇〇六年九月から翌年八月まで、彼は首相であった。その後病を得て、しばらくの間は隠棲生活が続いたが、二〇一二年には再度首相に返り咲き、現時点まで二年数ヵ月間在任している。隠棲期間も含めることになるが、彼は実にここ一〇数年間にわたって、最高権力者の身近で、あるいは最高権力者として政治的なふるまいを行なってきているることになる。「自民党の中でも孤立しながら、ひとり先駆的に拉致問題に取り組んできた」と繰り返し語ってきた自負は、結果的には、拉致問題を解決できるどころか一歩の前進も見られないという意味で無為に過ぎた過去一〇数年間を顧みるとき、どこを彷徨っているのだろうか？

今回も、人質救出に失敗したばかりでなく、結果的には、関係諸国を巻き込む〈とめどなき報復の連鎖〉という事態を出来《しゅったい》させてしまう要因の一端をつくったという点で、安倍晋三は新たな国際的な責任を負った。対朝鮮民主主義人民共和国（以下、北朝鮮）外交の現時点での失敗と、今回の対中東外交での敗北とを重ね合わせて、その原因を探るべき道はどこにあるのだろうか？

安倍晋三が、内輪の取り巻きを相手に語った言葉を知ると、政治家としての（というよりも人間としての）そのレベルが知れて、他人事ながら顔が赤らむ。ジャーナリストの上杉隆は、「戦後レジームからの脱却」のスローガンを掲げて颯爽と登場した第一次安倍政権が、わずか一年で崩壊してゆく過程を追った『官邸崩壊』(12)の中で、次のような安倍の発言を記録している。「北朝鮮なんて、ぺんぺん草一本生えないようにしてやるぜぇ」「北なんて

(12) 新潮社、二〇〇七年

どうってことねぇよ。日本の力を見せつけてやるぜ」。上杉はこの安倍発言を二〇〇一年のものと推定している。小泉訪朝による日朝首脳会談の前年である。一事が万事、安倍の本質はこの言葉に表れていると思える。私は、拉致問題の本質的な解決を目指すためには、他人（他国）に突きつける要求は、自らにも突きつけなければならないと主張してきた。二国の間に横たわる近代以降の複雑な歴史過程を思えば、何よりも国交正常化すら実現できていない現状を顧みるなら、確かに非情かつ卑劣な国家犯罪ではある拉致の責任を一方的に追及するだけでは、〈関係の非対称性〉ゆえに、懸案の速やかな解決は覚束ない。日本側は、朝鮮植民地化に伴うもろもろの問題、戦後過程での朝鮮分断に至る経緯に関わる責任、韓国のみを朝鮮半島に成立している唯一の合法的な政府と認定して国交正常化を実現した一九六五年問題などについて自ら捉え返し、遅ればせながらも最善の事後策をとる姿勢を示さなければならない。

それは、とりもなおさず、国交正常化を本道の課題として据えて拉致を含めた諸問題の解決方法を探るということである。だが、それは拉致被害者家族会の意にそぐわなかった。拉致問題の優先的な解決を主張する、戦後最強の圧力団体＝家族会の方針は、政府・メディア・「民意」を縛った。

時に妥協も折り合いも必要な二国間外交においては、一方的な主張を強硬に行なっても交渉は一歩も進まないと経験的に語る勇気のある政治家はひとりとしておらず、メディアもまた、対朝鮮関係の報道においては「拉致問題を抱える日本は……」という枕詞を、この一〇年有余にわたって手放すことはなかった。ああ、日本は優先すべき特別な問題を抱えているのだなという意識を人びとに植えつけ続けたのである。交渉の入り口までは行った小泉政権をはじめとして歴代政権は、民主党のそれも含めてすべて、この磁場にくぎ付けになって、交渉は停滞した。

被害者家族会の人びとの焦りの気持ちは十分に理解できるとしても、政治の本質から見るなら、これは、問題の解決をほんとうに目指す方針ではなかった。数年経ち、五年経ち、一〇年を経てもなお事態を打開できないのだから、方針の転換を図るべきであった。北朝鮮政府の態度もまた、きわめて頑なではあるが、ならばなおさらのこと、こちら側が抱える歴史問題を解決しようとする〈誠意〉を示さなければならなかった。したがって、長いこと政権の中枢にいて、それを怠ってきた安倍晋三の政治責任はきわめて大きいといわなければならない。安倍に寄せる家族会の「期待」が大きかっただけに、その責任は倍加する。

このような安倍を延命させてきたのは、対外的に強気に出る政治家をよしとする社会的雰囲気である。この雰囲気は、一九九〇年前後から顕著になった。八九年から九一年にかけて、東欧・ソ連の社会主義圏で、共産党・労働党の一党独裁体制が次々と無惨な形で崩壊した。人間社会の在り方をめぐって、資本主義社会に代わる「夢」と「希望」を語りかけてきた社会主義国は、多くの場合その実態は、掲げた目標とは裏腹の強権的な抑圧社会であることは夙に知られていた。それが体制として瓦解したことで、思想（理念）そのものも失墜したのである。理想主義の敗北は、それを信じていた者も、信じてはいなかった者も、総じて人びとの心を刹那的にした。人間の高みを目指す理想主義よりは、あるがままの現実に居直る態度に確かな手応えを感じるようになった。それは、今ある現実の無限肯定へと向かった。理想主義の旗は、もちろん、戦後左翼や「戦後民主主義者」によって掲げられていたから、その考えとは逆を行く政治的主張と歴史的解釈が横行し始めた。近隣アジア諸国との友好と和解を目指すのではなく、戦後日本はその点で「萎縮」していたと捉えて、対外的に「強く出る」政治家が歓迎されたのである。「言いたい放題、やりたい放題」の北朝鮮に対して、制裁を強硬に主張する安倍晋三がとりわけ浮上した理由はここにある。

一九九〇年前後というこの時期を、同時に、別な視点で見てみよう。アジア諸国民は、第二次世界大戦後の長い戦後過程を、分断・内戦・独裁によって翻弄されて、かつ各国が抱えるさまざまな課題を「東西冷戦」という最大矛盾の陰に押し込めて生きてこざるを得なかった。朝鮮半島の分断は続いているが、およそ半世紀の歳月を経てようやく、アジアの人びとは、内戦と独裁、冷戦構造の桎梏から解放され、「自由に物が言える」時代を迎えたのである。草の根の庶民が手にできたこの「解放感覚」の重みは、軽視できない。かれら／かの女らにしてみれば、「戦後」がようやくにして始まったのだ。ようやく手にできた「余裕」の中で、目に飛び込んできたのが日本の現在の姿である。かつて自分たちの国を植民地化し、あるいは侵略した日本は、異常なまでに経済発展を遂げていた。米国などの他国が行なったペルシャ湾岸戦争の戦費一三〇億ドルを肩代わりするほどの繁栄を享受していた。そこで、アジアの人びとは思い出したのだ——自分たちにとっては、日本の戦争犯罪の決済が終わっていなかったことを。

今になって日本国家に戦後補償を求める動きの背景には、右の事実があることを心に留めておきたい。戦後日本は、これらアジア諸国の現実とはまったく異なる過程を生きてきた。戦火によって一面焼野原となり、占領軍による統治も強いられたが、経済復興の速度は驚くほど速かった。占領統治を行なっていた米国は、中国革命と朝鮮戦争の勃発など激動する東アジア情勢に鑑みて、対日政策を大きく変えた。対日戦時賠償を要求する要件を備えたアジア諸国に対しては、「反共の要」である日本に過重な負担をかけないように請求額を極力抑えるよう工作した。一九五〇年代の朝鮮戦争と六〇年代のベトナム戦争によって、日本は特需景気を享受し、経済復興の大きな要因とした。一九四五年の敗戦の原点にまで遡れば、それはあくまでも、米国の物量作戦に対する敗北であって、日本が侵略したアジア諸地域民衆の抵抗闘争に敗北したという意識は、日本社会にはほとんど根づかなかった。私たちは、社会全体としてみれば、植民地主義と侵略戦争に関する総括をなし得ないままに戦後過程を生きてきたことを痛切に思い返さないわけにはいかない。

アジア諸国民衆と日本に生きる私たちの間に横たわるこの意識の落差は大きい。一九九〇年前後に始まる戦後補償要求を日本社会は「不意打ち」と受け止めたのだ――「何をいまさら」「戦後五〇年近くも経っているのに」「天皇や首相が何度も謝っているのに」

いみじくも私は思い出すのだが、元日本軍「慰安婦」金学順さんが戦後補

※『諸君!』は文藝春秋が発行する月刊誌であった(一九六九~二〇〇九年)。これと産経新聞社が発行している『正論』(一九七三年~)を対象に分析した書物に、上丸洋一『『諸君!』『正論』の研究――保守言論はどう変容してきたか』(岩波書店、二〇一一年)がある。これに小学館刊行の『SAPIO』を加えて、これら三誌の新聞広告が、ヘイトスピーチを煽動するかのごとき言論空間になっている異様な事態を分析した書籍に、能川元一、早川タダノリ『憎悪の広告』(合同出版、二〇一五年)がある。これに新潮社が発行する『週刊新潮』を加えるなら、文藝春秋、小学館、新潮社などの大手出版社が日々日刊紙に掲載している、他国・他民族をことさらに貶める煽情的な雑誌の大見出しが、いまある社会状況を作り出すうえで大きな役割を果たしてきたことが知れよう。

償を求めて提訴した翌年、一九九二年四月発行の雑誌『諸君！』※にひとつの対談が掲載された。精神分析の岸田秀と思想史家・松本健一による「謝罪する国民と謝罪しない国民」である。私は当時これを読んで、一定の知的訓練を受ける余裕に恵まれたふたりの専門家が、人間論的に見て、また歴史認識からいっても、これほどまでに低劣なレベルで発言をできるものなのか、と心底驚いた。こんな時代が来たのか、と。ふたりのいくつかの発言を拾ってみよう。

松本「〈韓国に対しては、昭和天皇も今上天皇も、海部首相と宮沢首相も謝ったのに〉これ以上、何が問題なんだと、日本人の中に韓国に対するフラストレーションがたまっているという感じがします」。岸田「韓国に対して不快感や嫌悪感が高まっているんじゃないかと心配ですね」。松本「そのうち度重なる謝罪に日本人は耐えきれなくなって「止むを得ず」韓国に対する怒りが爆発する。かつて昭和一六年一二月八日に、止むを得ずアメリカに対して大東亜戦争を始めた心理の道筋に似てくるんじゃないかと思います」。岸田「その危険性はありますね」。

金学順さんの提訴を意識した発言もある。

岸田「当時は、朝鮮人も日本人だったわけで、日本が戦争を遂行するためには、兵士に慰安婦がついていたほうが兵士がよく戦う、あるいは現地住民に迷惑をかけないという判断があって、日本国民である彼女たちを使ったわけですね」。「たくさんの日本人女性が慰安婦にいたし、また慰安婦を買った男たちの中には、朝鮮・韓国の男たちもいたわけだけど、そんな単純なことは誰も言わない」。

このように、一九九二年の段階で、一部の〈知識人〉たちは、すでにして「外圧に抗する快感」を語り始めていたのである。現在にまで至るその後の二〇年有余は、この意識が日本社会の隅々に浸透する期間でもあった。その外圧を象徴する国は、彼らからすれば、失敗したはずの社会主義の旗をいまだに掲げる中国と北朝鮮であり、反日教育の影響がなお著しい韓国である。中国にせよ北朝鮮にせよ、自称するところの社会主義なるものは、もはやブラック・ユーモアとしか思えないほどに「戯画的」なものに堕していることと見抜いているぶん、そこで表現される「軽侮」の感情はヨリ過激になった。韓国が官民を挙げて、「戦後五〇年どころか、六〇年が経ち、七〇年すら迎えようとしている今なお〈過去の補償〉を求めて」次々と新たな動きをつくることへの「憎悪」も増した。

社会に充満する反中・嫌韓・反北朝鮮ムードは、かつてなら保守傍流でしかあり得なかった安倍晋三的なるものを育てるよき土壌である。安倍はここから十二分に養分を得ている。だから、彼はきのうもきょうも、次のような勇ましい言葉を吐き続けている。

「いわゆるA級戦犯と言われる方々は、東京裁判において戦争犯罪人として裁かれたわけでありますが、国内としては、国内法的には戦争犯罪人ではないということは私が先ほど申し上げたとおりであります」(13)。

「自民党が再び政権の座に就けば、東アジア外交を立て直す必要がある。過去に自民党政権時代にやってきたことを含め、周辺国への過度の配慮は、結局、真の友好にはつながらなかった」(14)。

「この問題に外交交渉の余地などありません。尖閣海域で求められているのは、交渉ではなく、誤解を恐れずにいえば物理的な力です」(15)。

またしても「過度な配慮」(!)は不要、という論法である。対北朝鮮政策においても、対イスラーム国政策においても、当初設定した目標を獲

(13) 衆議院予算委員会、二〇〇六年一〇月六日
(14) 『産経新聞』二〇一二年八月二八日
(15) 「新しい国へ」『文藝春秋』二〇一三年一月号

得できていないのだから、安倍のひたすらな強硬路線は、明らかに失敗した。それでもなお、国内的には安倍の支持率が一定あるとすれば、それはすでに見てきた理由に加えて、批判力を失ったメディアの機能の問題だろう。今回は先送りしたその問題に次回は触れよう。

Ⅲ　多元化したメディアの渦中で

二〇一五年五月

1

二〇〇二年九月一七日の日朝首脳会談以降、私はそれまでは観ていなかったテレビのワイドショー番組を、稀ではあるにしても時間が許す限りは観るようになっていた。週刊誌の類にも、書店での立ち読みではあるが、目を通す日々を送っていた。私の観点からすれば、その日を皮切りに各メディアでは、北朝鮮に対する耐え難いほどの排外主義的で非歴史的なキャンペーン（正確には「悪煽動」と言うべきだろう）が行われるようになっていた。繰り返し言うが、もとより、歴代の北朝鮮指導部による拉致をはじめとするもろもろの対外政策には、徹底的に批判すべき点が多いことは事実には違いない。だが、その日の夜からこの国で行なわれ始めた北朝鮮批判には、「非対称的」であるがゆえの悪質さを感じないではいられなかった。両国間の歴史過程には、植民地宗主国であった日本側が顧みなければならない事柄が多く（しかも、この時点では、国交回復すらなされていない。そして、今もなお！）、お互いが抱える問題点を摘出することによってしか、この困難な局面を打開できるはずもなかった。それは、「歴史の対称性」という観点で関係の正常化を図るためにも、そして拉致問題解決のための具体的な方法を探るという目的にも叶う、数少ない方法のひとつだと私には思われたのだ。

そこで、人びとを煽動し洗脳する力を発揮するという意味では抜群の位置を占めるテレビのワイドショー番組で何が語られているか、その影響を受けることもあり得る人びとの社会・歴史意識はどこに着地するものであるか。その行く末を見極めて、批判的な検討を加えなければならないと考えたのだ。たとえどんなに孤立しても、この場所から後退してはいけない――当時は携帯ラジオでテレビ番組の音声だけを聞き取ることもできたので、通勤時の電車の中で、また歩きながら、朝のワイドショーでキャスターやコメンテーターなる人びとが語る言葉に（画面で顔を観ることができないので、誰の発言かも定かでないままに）耳を傾けていたものだ。

北朝鮮をテーマとした記事や番組がメディアを占領していたこの時期、政治家でメディアへの露出度がもっとも高いひとりが、安倍晋三であった。

この時点では、小泉政権の官房副長官を務めており、小泉訪朝にも随行した。前号ですでに触れたように、北朝鮮政府に対してもっとも強硬な路線を主張する安倍を優先的に登場させるべきだと、テレビを牛耳る人びとは考えていたようだ。家々のテレビの前には、論理に叶った政策よりも相手に対する強い感情をぶちまけるだけの人物の発言を聞いて「溜飲の下がる」思いがする視聴者が待ち構えていた。歴史的な過程を踏まえて判断した冷静な外交政策にではなく、いわば感情外交とでもいうほかはない政策にこそ、社会的な拍手喝采が寄せられる時代がきていた。

そんな時代が始まって、すでにいくばくかの歳月が過ぎていた。いくらか長い射程で捉えるなら、それは、旧日本軍「慰安婦」の名乗り出と日本国提訴・教科書問題・ソ連崩壊・湾岸戦争などの重大事件が続いた一九九〇年前後から、と理解できよう。短期的に言うなら、二〇〇二年九月一七日夜、北朝鮮の最高指導者・金正日が、従来の主張を覆して同国が日本人拉致事件を実行していたことを認め、これを謝罪し、二度と繰り返すことはないと表明した時点からだった、とも言えよう。いずれにせよ、社会に浸透しつつある時代精神は、大衆的な水準で、きわめて危険な水域にまで入り込んだと私は考えていた。

二〇〇五年一月三〇日――それは、日曜日の朝だった――、私はテレビ各局の報道番組をザッピングしていた。ふと、フジテレビの「報道二〇〇一」に行き当たった。画面には、安倍晋三の顔が出ていた。二〇〇二年「9・17」以後の数年間、私は我慢して、この男の発言をずいぶんと見聞きしていた。外交感覚なき強硬路線一本槍の彼の言動が社会的な支持を受けていたことは事実だろうが、相手を責めるが自らを顧みることのない二枚舌と、その底に透けて見える歴史認識の欠如も痛感されて、私はほとほとその発言に飽いていた。だが、この日、私はその画面にしばらくのあいだ見入った。なぜなら、安倍晋三を巻き込んで、新たな事態が進行中だったからである。

この日に先立つ二〇日ほど前、二〇〇五年一月一二日の『朝日新聞』は、その五年前、NHKが放映した「慰安婦」問題に関する番組の内容に安倍晋三らの政治家が介入し、内容を変更するよう圧力をかけたとのスクープ記事を掲載した。前述のフジテレビの番組は、安倍にこれについての弁明の機会を与えているようだった。安倍の手には、二枚のパネルがあった。それは「相関図」というのだろうか、一方には「NHK」とあり、他方には「朝日新聞」とあった。それぞれの報道機関からいくつかの線が伸びて、それに

※ VAWW-NETジャパン編『日本軍性奴隷制を裁く――二〇〇〇年女性国際戦犯法廷の全記録』一～六巻（緑風出版、二〇〇〇～〇二年）で、その全貌を知ることができる。

属するジャーナリストの固有名詞が記されていた。ああ、この男は、またしても、問題の本質から目を背けて、枝葉末節な「部分」を拡大してそれが「全体」であるかのようにふるまおうとしている。私は、見てはいけないものを目にしたような気がして、すぐに画面から目を逸らした。

2

追い立てるように次々と事件が起こる時代、私たちは「過去」を打ち捨てては新しい事態に向き合う。もはや一五年まえのこととなった問題の発端を知らない世代も増えてきた。参考文献は多数出ているので詳しくはそれらを参照していただくとして、手短に説明しておきたい。二〇〇〇年一二月、東京で「女性国際戦犯法廷」が三日間にわたって開かれた。※一九九一年、韓国の金学順さんが元日本軍「慰安婦」であったことを名乗り出て、謝罪と賠償を求めて日本国家を訴えたことはすでに触れた。その後も、アジア各国の被害者が次々と名乗り出ては、同じような民事訴訟を起こした（在日朝鮮人、韓国、フィリピン、中国、台湾の女性たちに加えて、オランダがインドネシアを植民地支配していたところへ日本軍が進駐したことから、オランダの女性も含まれていた)。「慰安婦」であったことの事実認定まではいきながら、請求はことごとく最高裁で棄却された。裁判支援を行なっていた日本のNGO「VAWW-NETジャパン」※が、この現実を見て、旧日本軍と被害女性たちの関係は「性奴隷」であったとの立場にたって、加害者・加害国の責任を問う国際法廷の準備を始めた。

国境を超えたこの〈国際性〉を、「慰安婦」問題は、いつ、どのように獲得したのだろう? 実は、一九九一年の金学順さんの提訴直後から、一気に〈国際性〉を帯び始めた。それは、金学順さんの先駆性が、戦後四五年有余もの間、国内的にも国際的にも沈黙を強いられてきた被害者たちにとっての「導きの星」であったことを示している。そのことを、一九九一年以降の略年表で示してみる。それは、「過去」の出来事の認識方法をめぐる国際的な共同作業というべきものなのだ。

一九九三年・・国連世界人権会議(ウィーン会議)で戦時下性暴力被害についての公聴会が開かれる。

同・・・・・・・・・「慰安婦」の強制を認め、お詫びと反省を記した河野官房長官談話発表。

※ VAWW-NETは、一九九八年に結成された「戦争と女性への暴力」日本ネットワークのこと。その後二〇一一年に、「戦争と女性への暴力」リサーチ・アクション・センター(通称VAWW RAC)に改称して、現在に至る。東京・早稲田で「アクティブ・ミュージアム『女たちの戦争と平和資料館』(wam)」http://www.wam-peace.org を運営しているほか、「日本の戦争責任資料センター」と共に、「慰安婦」問題ウェブサイト「FIGHT for JUSTICE 日本軍『慰安婦』——忘却への抵抗・未来の責任」http://fightforjustica.info/ としてウェブ上に資料庫をおき、映像資料も多数収めている。

※※ 国民基金については、大沼保昭、岸俊光『慰安婦問題という問い』(勁草書房、二〇〇七年)、大沼保昭『「慰安婦」問題とは何だったのか——メディア・NGO・政府の功罪』(中公新書、二〇

一九九四年‥オランダ政府、オランダ人「慰安婦」の被害報告を調査。
同 ‥‥‥‥国連女性差別撤廃委員会、「慰安婦」問題に関して具体的かつ効果的な措置を取るよう、日本政府に勧告。
同 ‥‥‥‥村山首相、「慰安婦」問題に関わって公式に謝罪する村山談話発表。
同 ‥‥‥‥国際法律家協会（ＩＣＪ）、「慰安婦」問題に関する日本政府の法的責任を指摘。
一九九五年‥女性のためのアジア平和国民基金発足。※※国家責任を免罪しているとして、内外で反対運動が起こる。
同 ‥‥‥‥世界女性会議（北京）で「慰安婦」問題を討議し、犯罪者の処罰と被害者への補償を政府に求める行動綱領採択。
一九九六年‥国際労働機関（ＩＬＯ）、性奴隷である「慰安婦」制度は強制労働条約（ＩＬＯ二九号条約）違反と発表。
同 ‥‥‥‥国連人権委員会「女性への暴力」特別報告者・クマラスワミ報告が、「慰安婦」問題に関する日本政府の責任を指摘。※※※
一九九七年 中学の歴史教科書すべてに「慰安婦」という言葉が記される。
同 ‥‥‥‥日本の前途と歴史教育を考える若手議員の会編『歴史教科書

〇七年）、大沼保昭『「歴史認識」とは何か――対立の構図を超えて』（中公新書、二〇一五年）、和田春樹『慰安婦問題の解決のために』（平凡社新書、二〇一五年）などが参考になる。ウェブ上にも、「デジタル記念館　慰安婦問題とアジア女性基金」http://awf.or.jp/ がある。

※※※　ラディカ・クマラスワミ『女性に対する暴力――国連人権委員会特別報告書』（明石書店、二〇〇〇年）、同『女性に対する暴力をめぐる10年』（明石書店、二〇〇三年）

への疑問』（展転社）発行。※

私は、この連載の第一回目の冒頭で「人間の尊厳や人権に関わる」普遍的な課題に関して、任意の個別国家が基準に達していない場合に、国家の垣根を低くしてつくられた国際基準に沿うようその国に働きかけるという、世界に共通する努力が積み重ねられているのが、現代世界の特徴だと述べた。「慰安婦」問題をめぐる外からの働きかけは、いわば、私たちの社会に対する精神的な〈贈与〉なのだ。問題解決のための、同志的な助言であり忠告なのだ。「慰安婦」問題とは、もともと、植民地支配や侵略戦争に関わって起きた歴史的な現実であったのだから、一国内だけの視野では解決が不可能なことは自明のことだ。これらの一連の動きは、日本の政府と社会が、この簡明な事実に一刻も早く気づいて具体的な措置を講じることを促す、友情ある説得行為なのだ。政治や行政や立法の分野でこの問題に直面している人びとと、何よりもメディアに、この観点があるなら、事態は積極的な方向へと動くのだ。

だが、現実は真逆だから、二〇〇〇年末に「女性国際戦犯法廷」は開廷した。右の年表に、明らかに接続している国際的な動きである。アジア各

※　この年表は、主として、アクティブ・ミュージアム「女たちの戦争と平和資料館」（ｗａｍ）編著『日本軍「慰安婦」問題――すべての問題に答えます。』（合同出版、二〇一三年）を参考に作成した。

国から六四名の「慰安婦」被害者をはじめ、世界各国から連日一二〇〇名の傍聴者が参加した。最終的には、昭和天皇をはじめ一〇名の被告の加害責任と日本の国家責任が認定された。この法廷は国際的に多くの関心を呼び、事実、海外メディアの取材は多く、大きく報道された。それに比して、ここでも、国内メディアの扱いはきわめて限定的であった。「天皇有罪」との判決結果を報道したものは、とりわけ少なかった。現場取材は行なったものの、記事や番組として表現されなかった場合も少なくなかったのかもしれない。自国の〈重苦しい〉過去に目をつむる、主要メディアのこの姿勢は、日本社会の中にすっかり定着した。

その中にあって、NHKは二〇〇一年一月、ETVシリーズ「戦争をどう裁くか」の第二夜「問われる戦時性暴力」で「女性国際戦犯法廷」を取り上げた。定着した支配的な大きな流れがあっても、個々のジャーナリストの努力次第では、まだ風穴をこじ開けることはできることを、この企画は指し示していた。だが、実際に放映されたこの番組は、観るも無残な中身となっていた。スタジオでの出演者の発言のちぐはぐさ、被害証言の大幅なカット、時間枠にきっちりと収めるという常日頃の「技法」すら放擲して時間を余らすなど――放映直前になりふり構わぬ改竄が行なわれたことは一目瞭然であった。

「法廷」の主催者であったVAWW－NETジャパンはNHKをはじめ番組制作会社を提訴した。※この公判過程で明らかになる真相もあるが、ここでは、事件から四年後の二〇〇五年一月一二日付け『朝日新聞』の記事に戻ろう。同記事は、番組の内容を事前に知った安倍晋三・中川昭一の二人の議員がNHKの幹部に対して、露骨な形で圧力をかけたことを明らかにした。この記事をめぐってはその後、どちらのイニシアティブで会ったのか、議員に呼びつけられたのか／それともNHK幹部は国会で審議される次年度のNHK予算に関する相談で出向いたのか、それはいつだったのか、具体的な言葉の内容はどうだったのか——などすべてをめぐって、異なる立場からの解釈・弁明・言い訳がなされている。矢面に立ったNHK幹部の発言が、政治家の関与の度合いを薄める方向で、次第に変わっていくことが注目される。逆に、当該番組の統括プロデューサーやデスクの暴露的な証言は、幹部からの伝聞の場合もあるが、関与した政治家の言動と、それに慌てふためいて番組内容改変へと動くNHKの現場の様子を生々しく伝えていて、臨場感にあふれる。あまりに食い違う証言から「藪の中」と捉える立場もあり得ようが、総合的に見て合理的に解釈できる地点はあるよう

※　裁判については、VAWW－NETジャパン編『暴かれた真実　NHK番組改ざん事件——女性国際戦犯法廷と政治介入』（現代書館、二〇一〇年）、同編『女性国際戦犯法廷　NHK番組改変裁判記録集』（日本評論社、二〇一〇年）などがある。

※※　証言として重要なものに、以下のものがある。魚住昭『国家とメディア』（ちくま文庫、二〇〇六年）、メディアの危機を考える市民ネットワーク（メキキネット）編『番組はなぜ改ざんされたか「NHK／ETV事件」の深層』（一葉社、二〇〇六年）、永田浩三『NHK、鉄の沈黙はだれのために——番組改変事件10年目の告白』（柏書房、二〇一〇年）、放送を語る会、永田浩三、長井暁『NHK番組改変事件』（かもがわ出版、二〇一〇年）。

※※※　『大東亜戦争への道』などの著

に私には思える。※※　右翼勢力のなかには、日頃からＮＨＫの番組を監視しては何か事あればすぐさま本社に駆けつけて、激しくも派手な抗議活動を繰り返す者たちがいるが、※※※　この番組企画を事前に察知したグループが、親密な国会議員たち――すなわち、安倍・中川両議員――に注進に及び、後者がこれに対応して動き、ＮＨＫ幹部に政治的な圧力を加えたという大筋は否定しがたいものと思われる。

　この問題を考え抜くためには、政治家がＮＨＫに番組改変を迫る圧力をかけたか否かという問題とともに、「女性国際戦犯法廷」で問われた問題をどう捉えるかという視点を欠くことはできない。そこで問われたことが「切実」であったからこそ、それを報道しようとする番組に「圧力」がかかるのであるから。圧力をかけたと名指された安倍晋三と中川昭一には、人脈図を示したり、ゴシップ的な話題に終始したりするのではなく、「慰安婦」問題に向き合う政治家としての資質が、この段階で問われたのだと言える。

3

だが、残念ながら、彼らにその自覚はない。そして、ここにおいても、

書をもつ英文学者・中村粲は『正論』誌に「ＮＨＫウォッチング」を連載し、偏向した「反日的な」番組が放送・放映されたり、予告されたりすると、それを激しく非難する文章を書き続けている。同時にそこでは、それらに対する抗議行動がＮＨＫ本部に対して行なわれている様子も報告されている。前記の『朝日新聞』は、「番組内容を事前に知った経緯について両議員は『仲間から伝わってきた』などとし、具体的には明らかにしていない」と記している。

安倍晋三の情報操作の技が際立っている。ジャーナリズムが、権力者のごまかし・不正・言い逃れなどを監視するという本来の役割を果しているならば、その「技」は突くべき弱点だらけのものだ。だが、見たところ、報道番組のキャスターなる者にせよ、スタジオに屯しているコメンテーターなる者にせよ、「女性国際戦犯法廷」についてわずかなりとも知識を持っている者はいなかった。だから、この「法廷」をどう考えるかという基本問題を問いかけることすらできない。もっぱら安倍が誘導した通りに、NHKと朝日新聞に「巣食う左翼人脈」を繋げて、「安倍追い落としの陰謀」が起きているというシナリオをなぞるほかはなかったのである。

北朝鮮からは「検事役」として四人の人物が「法廷」に関わった。安倍は随所で「このうち二人は工作員」と言いふらした。※ 私は若いころ、谷川雁の『工作者宣言』を読んで、できるものなら私も谷川が言う「工作者」になれたらよいのだが、と思った時代もあった。時代が変わって半世紀近くが過ぎて、おどろおどろしい演出のために使われたのは「工作員」という名称であった。もちろん、北朝鮮による拉致の事実が確定したことで、在日朝鮮人の中の「工作員」や、密航船で海を超えて送り込まれた「工作員」が、日本国内で縦横無尽にスパイ活動を行なったり、拉致すべき対象人物を探ったりして

※ 安倍がここで「工作員」と名づけた一人は、朝鮮対外文化連絡協会（対文協）日本局長の黄虎男である。彼は日本国の渡航証明書の発給を受けて、確かに二〇〇〇年の「法廷」に出席していた。翌二〇〇一年にも、「歴史歪曲教科書を許さない！ アジア緊急連帯集会」などへの出席のために、日本への入国を申請した。外務省は前例に基づきこれを認める方針だったが、自民党の一部議員や警察庁は「政治目的の入国」であり、治安上の問題も生じるとして、否定的であった。これに決着をつけたのが、当時官房副長官だった安倍晋三で、政治判断でビザの発給を拒否したのである。その一年数ヵ月後の二〇〇二年九月一七日、平壌で開かれた日朝首脳会談の席に、金正日総書記の通訳として黄虎男の姿があった。したがって、安倍はこのとき外交交渉の場で公式に黄虎男と会っているのである。二〇〇五年になって、「NHK番組への改変圧力をかけたのでは？」と問

いたという文脈で使われ始めた言葉である。この言葉が、警戒すべき／恐れるべきものとして、人びとの心に根を下ろした現実を見定めたからこそ、安倍は好んで乱発したのであろう。ネット上では、この安倍発言を受けて、「北朝鮮工作員が検事役」の「女性国際戦犯法廷」自体もきわめて胡散臭いものだと断定する書き込みが相次いだ。安倍にとって「工作員」の実態はどうでもよい。日本の政府なり公安当局が、いつの時点でそう断定して入国禁止措置を講じたのかも、考慮すべき事柄ではない。日本人視聴者に、確たる証拠がなくてもそういう印象を持たせること——そのことが大事であり、そうすれば、昨今のテレビの報道番組は与えられたその役割を自ら進んで十二分に果たすのである。

安倍晋三は、「慰安婦」の問題も、「女性国際戦犯法廷」の問題も、総じて日本が抱える近隣諸国との歴史問題も知らぬ気に、周辺情報を「ゴシップ」化して、やり過ごそうとしていた。繰り返し言うが、ジャーナリズムの側にそれを許さない姿勢さえあれば、安倍の目論見は即座に頓挫する。安倍にとっては幸いなことに、前面に立つジャーナリストに、それだけの気骨のある者はいなくなっていた。安倍の舌足らずな物言いがやすやすと通用してしまう状況が生まれていたのである。

われると、安倍は問題をずらして「日本でメディアの人物と会って、北朝鮮のシンパに仕立て上げる活動も、いわゆる『オペレーション』であり、（黄虎男は）その意味では事実上工作員だ。後日そんな認定を受けることになる人物が、あの戦犯法廷に検事役で出席していた」という〈論理〉を使って「法廷」の意義そのものを貶めようとした（二〇〇五年一月一三日、テレビ朝日「報道ステーション」での発言概要）。「工作員」という言葉に敏感に反応して的確な判断力を失う「世論」を悪煽動する「工作」を、安倍は行なったのである。

安倍に幸いしたことは、もう一つあった。彼が得意な分野だと自惚れていた「拉致」に加えて、「慰安婦」も社会的に急速に浮上するテーマとなった。彼がこの問題について討論すべき素質を備えている、という意味ではない。この社会に台頭しつつあった排外主義的な傾向に拍車をかける要素が、この二つのテーマには埋め込まれていたのだ。安倍を心情的に支える柱の一つと言われている現代の若者たちは、その排外主義の根をどこから得ているのだろうか？

もちろん、最初に触れるべきことは、現代の若者が感じている「生きづらさ」には違いない。それは、世界を制覇している新自由主義的経済秩序の中で、労働者に不利な非正規雇用が当たり前となり「ワーキングプア」が生まれている一方（それは、人が「使い捨て」されるということである）、極度に緊張した競争社会の中で、過労死、過労自殺、過労による鬱病などが激増し、いわゆる「ニート」を生み出している現実に見て取ることができる。それは、実際に現われているように、確かに「反逆者」を生み出すはたらきもするが、同時に、あまりの閉塞感から自己の裡に閉じこもり、人をして外部に「敵」を作り出すことで充足させてしまう場合もある。※ 他方で、次の観点も必要だろう。彼らは、敗戦の屈辱を生身で知っているわけではない。占領下の

※　私のような上の世代が本を通してこの問題を感じ取るには、雨宮処凛の本が参考になる。雨宮は最初の著作『生き地獄天国』（太田出版、二〇〇〇年。その後二〇〇七年にちくま文庫）以来一貫して、「生きていけない」「食べていけない」「マトモな職場がない」現実を生きる現代の若者たちの姿を描いている。『生きさせろ！　難民化する若者たち』（太田出版、二〇〇七年）など。なお、雨宮の著書『右翼と左翼はどうちがう？』（河出書房新社、二〇〇七年。その後二〇一四年に河出文庫）には、雨宮と私の対談も収録されている。

悲哀や恥辱とも無縁だ。米軍基地を身近に抱えている体験を持つのでない限り「外国軍に」土地を占領されている口惜しさを実感したこともないだろう。このように、前世代なら感じたであろう敗戦直後からの屈辱感に対応する思いを若者たちが持つとすれば、それは、「戦後七〇年も経つのに！」（時代によっては、それは「戦後六〇年も経つのに」とか「戦後五〇年も経つのに」と言い換えられていただろう）、なお繰り返し、近隣アジア諸国の政府と民衆から沸き起こる日本批判——植民地支配の補償を求めて、侵略戦争への謝罪と賠償を求めて——に接するときだろう。それは、いみじくも、前回批判的に引用した、松本健一と岸田秀が語り合っていた心情にも重なり合う。「拉致」と「慰安婦」は、その意味で、彼らの心にもっともよく触れるテーマなのである。折しも、ネット時代。何らの検証も経ていない、怪しげな情報がネット空間では罷り通っている。現代のメディアとは、ふつうに思い浮かべる大メディアには終わらない。ネット空間が、独自のメディア機能を果たしている時代なのだ。今までは「情報」や「知」を独占してきた大メディアと知識人を見返すかのように、ネット空間は活気づく。「拉致」や「慰安婦」というテーマでは、さまざまな意味で従来の主張の正否が検証されるべき段階を迎えている左翼や進歩的知識人こそが「叩きやすい」。「いつまでも謝り続けること」を周辺国から要求されることへの屈辱感と、それを支えてきた左翼への憎悪と怨念は、こうして燃え盛るのである。

安倍晋三はこのことをよく心得ている。論理も、倫理も、政治哲学も、外交感覚も徹底して欠く安倍晋三を、見くびる意見をよく見聞きする。私もその種の書き方をしたことがあったかもしれない。孤立している安倍晋三は叩きやすい。だが、社会的な雰囲気がここまで変わってきている以上、安倍はけっこう手強い「敵」になったというのが、私の見立てである。重層的に積み重なってきた歴史に（そこには「正」も「負」もあろう）何らの関心も持たず知識もない衆愚には、スローガンを与えよ――自らの鏡のような大衆を前に、彼はこう考えているだろう。「国を守る」「美しい国へ」「これしかない！」「戦後レジームからの脱却」「企業がいちばん自由に活動できる国」「アベノミクス」「地方創生」「女性が輝く社会」――何の実態も伴わないスローガンを、彼は叫ぶ。ほんとうのところ、これまた実感を持たない大衆が、自発的に隷従してそのスローガンを担いでゆく……。

4

二〇一五年四月六日、文部科学省は、次年度から使われる中学校の教科書の検定結果を公表した。安倍首相は第一次政権時代に教育基本法を改定し、「愛国心」養成を教育目標に盛り込んだが、第二次政権になってからは一三年四月の国会答弁において検定基準見直しの方針を示していた。それを受けて文科省は、一四年一月、社会科の検定基準に、「政府見解がある場合はそれに基づいた記述」「近現代史で通説的な見解がない数字などはそのことを明示」などの項目を付け加えていた。子どもたちに対して教科書がもつメディア機能を、彼らは察知していて、最高権力を手にした途端にそれに対処していたというべきだろう。

その意図は、今回の検定で生かされた。元「慰安婦」が謝罪と賠償を求める動きについては、かの女らが連れ去られる図や証言の記述を削除し、「強制連行を直接示す資料が見当たらない」との政府見解が追記されることとなった。この問題に関する安倍の常套句には、「この狭義の強制性については事実を裏づけるものは出てきていなかったのではないか」[15]とか「官憲が家に押し入って人を人さらいのごとく連れて行くという強制性はなかった」[16]な

(15) 衆議院予算委員会、二〇〇六年一〇月六日
(16) 参議院予算委員会、二〇〇七年三月五日

どというものがある。敗戦処理業務として、また国家犯罪の隠蔽のために、公文書を焼却するとか隠匿するとかいうのは、多くの国家指導者や官僚が厚顔にも為してきた所業である。北朝鮮は、安倍のこの言い分を利用して、「我が公文書の中には、拉致を直接示す資料が見当たらない」としらを切ることができるだろう。安倍晋三は、このとき、自分が言い張ってきたことが北朝鮮指導部のそれと同じである事実を自覚できるだろうか？　私が強調する「歴史の対称性」とは、このことをいうのである。

ところで、前掲の年表の最後の項目に、

一九九七年・・日本の前途と歴史教育を考える若手議員の会編『歴史教科書への疑問』（展転社）発行。

と書いた。編者である「日本の前途と歴史教育を考える若手議員の会」の主要なメンバーは、安倍晋三、下村博文、故・中川昭一らであった。一九九七年に具体的に始まった安倍晋三らの野望は、二〇年も経たないうちに、ここまで実現した。先の年表には、次の事項を書き加えなければならない。

二〇一五年‥中学教科書検定で、「慰安婦」に関する記述を大幅に削除。

これが、現在の日本社会のありのままの姿である。卑劣な政治家たちの責任は、もちろん、大きい。メディアの怯懦も、底なしだ。だが、私たち、ひとりひとりの民衆の、この趨勢への荷担責任が、それを理由に免除されるわけではない。

＊＊＊

もう四〇年以上も前のことになるか、付き合いのあったアンデスの或る国の作家から、手紙をもらった。その国が軍事独裁体制の下に喘いでいる時代であった。打ち続く弾圧が身近に迫っている状況を説明した後で、七〇歳を超えていたであろう老作家は書いていた。「だが、一〇〇年と続く悪はない」。一〇〇年とは、具体的な数字を意味するものではなく、「どんな悪にも終焉の時は来る」、あるいは「その時を、少しでも早く引き寄せるのだ」という呼びかけだろう。一九九〇年代後半には自民党内においてすら〈極右の〉少数派であった安倍晋三らが、二〇年後にはここまでの勢力となって「君臨」している現実の只中で、改めてこの歳月の重みを思う。

二〇年、五〇年、七〇年、一〇〇年――人類がさまざまに織りなしてきた歴史の中で、それぞれの歳月に〈プラスの〉、あるいは〈マイナスの〉意味を与えているのは、その渦中を生きていた人びとの思想と実践の在りようでしかない。現状に対する、私たちの怒りも憂いも焦りも深いが、歴史を一定の時間幅で眺望する視点を失いたくない。

Ⅳ　歴史を過去のことにした報い

二〇一五年七月

1

「慰安婦」と「拉致」にまつわる諸問題が、現在の日本の社会・思想状況をつくりあげるうえで決定的な役割を果たしたこと、安倍晋三なる極右政治家の浮上はこの状況の中でこそ可能になったことは、ここまで詳しく論じてきた。私たちは、この問題の根っこを追及するにあたって、このような「状況的」なものにのみ理由を求めることでよいだろうか？　言葉を換えるなら、問題は、二一世紀初頭の〈現代〉という極限された「時代」に澎湃として沸き起こったかに見える排外主義的なナショナリズムの「せい」だけだろうか。さしあたって残る問いは、これだと思われる。

以下において私が試みるのは、このテーマを考え続けているこの間に幾度となく立ち返ってきた三つの時期が孕む問題を考察することである。時代的な節目で決まって顕在化してくる、この社会のひとつの「傾向」を聴き取る作業である。一つ目には、「拉致」と「慰安婦」にのみ収斂させることのできない、一九九〇年前後以降今に至る〈現在〉の時代的な特徴を観る。次に、七〇年前の〈敗戦〉を人びとがどう迎えたかという問題に触れる。侵略戦争への荷担という事実といかに向き合ったかという問いかけが、誰に対してもなされたはずの時期であるから。最後に、一〇〇年近く前の出来事である関東大震災時に日本人の手によってなされた〈虐殺〉にはどんな問題が孕まれているかを考える。そこでは、民族・植民地問題が否応なく浮上するだろう。

〈現在〉から〈過去〉へと時間を退行させながら、それを行なってみる。いまの段階では、それは、簡潔なスケッチ以上のものにはなりそうもない。でも、将来的な積み重ねを期しながら、ともかく、いまそれに手をつけてみよう。

＊＊＊

二〇〇一年から二〇〇六年にかけて長期安定政権を主導した小泉純一郎の施政下にあったとき、私はそのときどきの政治・社会時評を書きながら

「言葉が壊れた」という表現を時に使うようになった。小泉は、言葉から、相互コミュニケーションとしての機能を奪い取った。自分が言いたいことだけを簡潔な語句で言い切った。「自民党をぶっ壊す」は、その典型的な言葉だった。それは、旧来の自民党総裁には見られなかった、決断力を持っていることの証のように聞こえた。人びとにとって、彼の言葉が内容を伴っていないことなど、どうでもよかった。イラクでの「反テロ戦争」に派遣される陸上自衛隊はあくまでも非戦闘地域に留まらなければならないことを前提として国会での論議がなされる中で、それはどこかと問われると、小泉は「どこが戦闘地域で、どこが非戦闘地域かを、東京にいる私にわかるわけがない」と答弁した。「民意」からすれば、この答弁は無責任さの証なのではなく、正直な物言いだと評価され、理解されるのだった。人びとは、伝統的な保守政治家に特有な、のらりくらりとして、曖昧模糊とした言葉に飽いていた。「決断」だけを求めていた。そのような思いの民意に支えられた小泉は、米国政府の戦争政策に無批判的に追随しただけではない。民衆そのものに非情な形で結果が襲いかかる新自由主義的な経済政策を次々と実施した。人びとは、やがて自らの首を締め上げることになるそれらの政策を、ある者は熱狂的に、ある者は暗黙の裡に、またある者は消極的にせよ、受け入れたのである。もちろん、そのような政策によって利を得ることができる一群の者たちが政治・経済上の権力を掌握していたからこそ可能になったことには違いないけれども。

この政治家には、合唱隊も付いた。NHKニュースは、インド洋やイラクに到着する自衛隊の動きを報道する際には必ず「給水などの支援活動を予定している」という枕詞を付すことを忘れることはなかった(拉致問題を契機に、対北朝鮮強硬派の安倍晋三が次期自民党総裁選挙での有力候補に急浮上した時に、NHKニュースが安倍を形容して「国民的人気の高い」という文句を付すことを決して怠ることはなかったと同じように)。自衛隊は海外に「戦争に行っているのではない」「後方支援は軍事行動ではない」という、政府の言い分通りのことを視聴者に日々植えつけることに腐心していたのである。さらには、「対処の方式が定められているときには、国民が一致して政府を支持することが民主主義の鉄則とさえ言える」などと、とんでもないことを語る、中西輝政のような大学教授も登場した。こうして、政治家も有力メディアも学者も、こぞって「言葉を壊し」、奇妙奇天烈な「論理」を弄ぶ時代が到来していたのである。

小泉的な断定言語が歓迎されるという事態は、実は、小泉時代に先んじて東京で、それに遅れて大阪という大都市圏でも見られる。石原慎太郎という、人種差別言語を公然と吐く男が、東京都知事選挙で圧倒的な票を獲得して初当選したのは、一九九九年であった。小泉が首相として登場する二年前である。その後も、二〇〇三年、二〇〇七年、二〇一一年と、計四回にわたる都知事選挙で彼は圧勝した。橋下徹という、公の世界における出処進退のすべてが身勝手に過ぎる男が大阪府知事選や大阪市長選で大量得票を得たのは、二〇〇八年、二〇一一年、二〇一四年である。二人に共通する性格は（文脈上、これに安倍晋三も加えて三人としたほうがヨリ現実感を増すのだが）、「他人の話には死んでも耳を傾けず、自分の主張だけをどこまでも押し通し、自分が批判されるとすぐに切れるのだが、それでいて他人を批判することは滅法好きなこと」――に尽きる。小泉が登場する時期を挟んで、時代状況は全体として、この手の政治家が大衆的な支持を受けるまでに変貌を遂げていたのだと言える。一九六〇年代から七〇年代にかけて「革新ベルト地帯」とまで言われたように、東京から京浜・中京・京阪・神戸・福岡までの太平洋側の知事や市長の多くが革新系の政治家によって占められた時代を思い起こせば、それは目も眩むような大きな変化である。

一九六〇～七〇年代と、二〇世紀末から現在にまで至る、この二つの時期をここまで隔てるものはなんだろうか。この変化の背景を考えておきたい。ひとつには、敗戦直後からの戦後過程の前半を生きた人びとを広く捉えていた社会主義的な革新の思想と行動の魅力が失墜したことである。それは担い手たちに強い反省を強いるものである一方（私自身、今後もその場所に自らを置いておきたい）、その裏面には、一九六〇年代半ば以降の高度経済成長とともに自然に実現した世代交代を通して人びととの意識が大きく変化し、またそれが可能にした消費社会の到来によって、現状に対する人びとの満足度が大幅に広がったというふたつ目の理由が貼りついている。ペルシャ湾岸戦争が起こった一九九〇年前後に遡ると、このころ、日本が有する対外純資産残高は世界一となった。湾岸戦争の期間を通して、米国政府筋と日本の政府・官僚たちから声高に叫ばれ始めた「国際貢献論」は、「凶暴な独裁者」（イラクのフセイン大統領）に対して世界が一丸となってたたかっている時に、日本のみが汗も流さず血も流さないままでよいのか、という含意を包摂していた。米国からすればそれは「恫喝」であり、日本でそれを呟く者にとっては「強迫観念」であった。日本資本が今や海外に、膨大な資産を所有している現実を実感した上層およびそれを志向する人びと

※　湾岸戦争当時の外務省北米局北米第一課長・岡本行夫は、それから一〇年後の二〇〇一年になっても、湾岸戦争の時を回顧すると「依然として客観的な観察者には、なれない。感情が出る」と情緒的に語った。岡本は言う――イラク軍のクウェート侵攻を前にした米国主導の湾岸戦争は不可避の正しい戦争であった。そして、この地域に多数の石油タンカーを常時行き来させていながらイラク制裁の軍事行動に参加せず、軍資金しか出さなかった日本は（欧米諸国によって）「キャッシュ・ディスペンサー」のように扱われた。それに「屈辱とトラウマ」を感じた――と（岡本行夫「また同じことにならないか――もし湾岸戦争がもう一度起こったら？」『外交フォーラム』二〇〇一年九月号）。

は、国防上の安全保障をこのまま放置していては、失うべきものがあまりに大きいことを知って、「国際貢献論」を積極的に主張し始めたのだ。この時、米国の湾岸戦争戦費の約二割を肩代わりして一三〇億ドル（当時のレートで、一兆三〇〇〇億円相当）を日本は供出した。対米交渉の矢面に立っていた外務・防衛官僚たちは、キャッシュディスペンサー（自動現金支払機）のようにしか「貢献」できなかった日本の現実に屈辱感をおぼえた。彼らはその後、この屈辱感を晴らすために、自衛隊が「ふつうの国」の軍隊のように、汗を流し血も流して「国際貢献」できる道を模索した。※

そこに登場したのが安倍晋三という政治家であったことは、双方に「幸い」しただろう。その結果を、二〇一五年のいま、私たちは引き受けつつある。その意味で、この社会の基層部分に定着したかに見える「安倍的なもの」に対する共感を、「拉致」および「慰安婦」問題からのみ派生していると捉えては、この時期が孕む問題の本質を見誤ることになるだろう。

一九九〇年前後に立て続けに起こった「東西冷戦構造の消滅」「社会主義の敗北」「新自由主義による世界の席捲」などの事態は、やはり、時代の大きな節目をなした。多くの左翼・進歩派が棄教して逃走し、思想が死に絶えたこと。それによって人びとが言葉を信じなくなった間隙を衝いて、言葉から意味と対話能力を剥ぎ取り、言葉そのものを壊す話者が現われたこと――私たちがいま視ているのは、そのあとに広がる荒涼たる風景であることを、何度でも思い起こさなければならない。

2

今年は「敗戦七〇年」であることから、次には、敗戦直後の諸問題を取り上げてみよう。敗戦時には一歳半の年齢でしかなかった私が持ちうる戦時および敗戦直後の時期に関するイメージは、すべて私の〈外部〉からやってくる。存命していた時に父母と交わした会話、もろもろの歴史書、当時発行されていた新聞と雑誌、作家の当時の発言・日記・従軍記、そして時代を経てから書かれた小説・エッセイ、さまざまな立場の人が遺した回想記、そして映画――素材は多様にある。そこから取り出すことのできる印象を一言でいえば、大半の人びとがあの戦争に積極的に加担していたという事実である。近隣のアジア諸国に対して開始した侵略戦争の延長線上で東アジア・南アジア、さらには南太平洋地域をも日本軍の軍政下におき、ついには米国までをも先制攻撃するに至ったアジア・太平洋戦争全史のそれぞれの局面で、多くの人びとが日本の「勝利」を提灯行列で祝い続けた。

その事実に照らしてみると、社会全体で戦争に対する反省はいかにも少ない。一九四五年八月一五日の天皇による敗北宣言を受けて、日本軍全軍がぴたりと抗戦を止めたのをみた占領者は、本来ならば戦争責任が追及されるべき立場にあった天皇を免罪し、日本の占領統治を成功裡に行なうために天皇の民衆支配力を利用した。天皇は新憲法で「象徴」の役割を与えられる一方、戦争の全責任は東条英機をはじめとする軍部に負わされ、軍隊と軍人は一掃された。あの無謀な戦争の象徴的な指導者であった昭和天皇さえもが免訴されたのだから、人びとは安心して、自分にも戦争責任はないと信じ込んだ。

作家や評論家など表現者の世界を見ても、事情はさして変わらない。否、むしろ、戦争中の自らの翼賛的な言動には口をつぐみ、「平和と民主主義」の一貫した担い手であるかのように装った人間たちが目立ったという意味では、事態はヨリ深刻であった。その中にあって、異彩を放つ二人の表現者がいる。映画監督の伊丹万作は、敗戦の翌年の一九四六年に書いている。「多くの人が、今度の戦争でだまされていたという。みんなが口を揃えてだまされていたという。私の知っている範囲ではおれがだましたのだといった人間はまだ一人もいない」[17]。だが、これは、戦争のさなか、病床にあって「現在ノママデ戦争ヲツヅケルカギリスベテハ絶望デアル。唯一ノ道ハイカナル条件ニモセヨ一旦戦争ヲ終結サセテ、科学ニ基礎ヲ置イタ国力ノ充実ヲ計リ、三十年五十年後ノ機会ヲ覘ウコト以外ニハアルマイト思ウ」[18]と書いた伊丹こその言葉であるといえるだろう。伊丹はさらに前者のエッセイでは、「戦争が始まってからのちの私は、ただ自国の勝つこと以外は何も望まなかった。そのためには何事でもしたいと思った。国が敗れることは同時に自分も自分の家族も死に絶えることだとかたく思いこんでいた。」とも書いている以上、戦後における伊丹の思いは信じるに値しよう。

劇作家の三好十郎については、私は『【極私的】60年代追憶』[19]の中で、いくらか詳しく触れた。最近ようやく舞台で観ることができた一九四七年執筆の戯曲「廃墟」※の主人公が語る次の台詞に、三好は万感の思いを込めているように思える。「今度の戦争は侵略戦争であった。侵略戦争が悪い事であるのは言うまでもない。従って、それを計画し、挑発した直接の指導者達の責任は、あくまで追求されなければならぬ。それは、唯単に、悪い事をした者に、こらしめのためにお灸をすえるという意味に、また、その程度にとどめて置いてはならぬ。徹底的に洗いざらい追求されなきゃならん事だ。

※　劇団文化座、劇団東映の「戦後七〇年共同企画」として、二〇一五年五月に文化座アトリエで公演。演出＝鵜山仁。

〔……〕そいつを生み出した母胎と言うか、地盤と言うか、それがなんだと言う所まで追求の手は伸びなければ意味をなさぬ。〔……〕誰だ？　ボンヤリしたままで、ないしは心の中は不本意でありながら、そんな人達の言う事を聞いて、それに従って来たのは誰だ？　私達だ。私ども国民の全体だ。〔……〕市ヶ谷で行なわれている東京裁判で裁かれているのは実はあの人達だけではない。私達だ。私達国民の全部が裁かれているのだ」[20]。

この時期の三好の言動は、しばしば、戦後ただちに左翼文学運動の担い手となった文学者や反戦・平和運動を主導する評論家への厳しい批判に貫かれている。いわゆる社会主義国が発動する戦争をどう捉えるか、米国がそれを発動した場合と同じように批判するのか、どうもそうではなさそうだ、という推測を三好はしているからだ。戦後の基軸体制である東西冷戦下の社会主義国家論として、興味深い論点である。やがて四〇年ほどを経て到来する「社会主義の敗北」を見通していたかのような慧眼である。深刻なことは、多くの左翼文学者と評論家がこぞって三好の「反共主義」に対する攻撃的な批判を展開したことで、問題の本質がずれてしまったことである。

伊丹と三好が示したような自己凝視と自己内省の姿勢が、多くの人びとには決定的に欠落していたこと――ここにこそ、敗戦直後の中心的な問題

(17)「戦争責任者の問題」『伊丹万作エッセイ集』大江健三郎編、筑摩書房、一九七一年
(18)「戦争中止ヲ望ム」、同前
(19)インパクト出版会、二〇一四年
(20)「廃墟」『三好十郎の仕事』学藝書林、一九六八年

がある と思える。
さて、私は先に、敗戦直後のＧＨＱ（連合軍総司令部）の指令の下で「軍隊と軍人は一掃された」と書いた。天皇と一般民衆の責任がともに問われなかったことにも触れたが、同時に注目すべきことは、戦前と戦中の国家体制を支えた官僚そのものも免罪されたことである。一九四六年一月にＧＨＱが発表した「好ましからざる人物の公職からの除去および排除」を企図した公職追放令の対象とされた者は二一万人ほどだったが、そのうち軍人が一六万七〇〇〇人で、確かに「軍人は一掃された」かに見える。それに比べると、追放された官僚は、内務省関係者が多数を占める、わずか一八〇九人に過ぎなかった。生き残った多数の官僚たちはどこへ行ったか。裁判官の多くは法曹界の頑迷な保守層として生き残り、特別高等警察（いわゆる特高）も公安警察に衣替えしただけだった。こうして、多くの者が、戦後官僚機構の中軸を担い続けた。一部の者たちは政治家となり、戦後の保守政権党＝自由民主党の中核を形成するに至った。[※] 旧い政治家たちもいったんは追放されたものの、いずれ復活するレールは敷かれていた。一九四九年中国革命の勝利、一九五〇年朝鮮戦争の勃発など、東アジア情勢は急展開を遂げる中でＧＨＱは占領政策を転換し、パージ（追放）の対象

※　以上の敗戦時の政官界の動向について、増田弘『公職追放』（東京大学出版会、一九九六年）が詳しい。和田春樹、石坂浩一、戦後五〇年国会決議を求める会編『日本は植民地支配をどう考えてきたか』（梨の木舎、一九九六年）も、戦前＝戦中＝戦後の体制の連続性を指摘しており、それがこの社会における植民地支配責任への無自覚性につながっていることを指摘している。

は共産党員などのレッド（左翼）に向かった。戦争を「過去のこと」に封印して、振り返ろうとしない態度は、ますます勢いを得るようになった。

その具体的な例を、「一掃された」はずの軍人をめぐる問題に光を当てて、考えてみたい。ＧＨＱは、早くも一九四五年一一月に、ふたつの覚書を発する。ひとつは「軍務に服した者に特権的な補償を与える制度の廃止」。ふたつは「戦争利得の除去および国家財政の再編成」である。

この事実は、ＧＨＱが、軍国主義日本の実態をよく研究していたことを示している。明治維新以降の日本は、日清戦争、日露戦争、進みゆく日本の支配に抵抗する韓国の義兵闘争への弾圧、韓国の植民地化をはさんで、第一次世界大戦、さらにロシア革命後にはこれを潰すためにシベリア出兵も行なっている。これほどの「歴戦」を積み重ねていたのだ。これを可能にするために、「お国のために」戦った兵士と遺族に特権的な待遇を与える軍人恩給制度が、戦前の日本には成立していた。ＧＨＱは、この息の根を止めるために、軍人恩給制度の廃止を命令した。ひとつの見識であり、これに派生する思いが社会に浸透したならば、現在のようではない、別な「戦後」が可能だったかもしれない。だが、現実は違った。戦争責任を主体的に問う動きが少なかった分、戦前の体制を作り上げていた軍人とそれに連なる者たち、政治家、官僚たちはもとより、ペン部隊となって戦争を鼓舞する文章を書いた文学者や知識人も含めて、その多くは、戦争責任を問われることもないままに、戦後体制においても主軸であり続けた。

彼らは、占領体制下においても、いずれ占領から解放された時を展望しながら、着々と準備を行なっていた。一九五二年四月二八日、占領体制が終わった。その日から五日後の五二年五月二日、第一回目の「全国戦没者追悼式」が行なわれた。これが一九六三年以降は「八月一五日」に変わって、現在に至るまで延々と続けられている。他方、「戦傷病者戦没者遺族等援護法」が、占領統治が終わって二日後の五二年四月三〇日に公布された。これは、翌年八月の恩給法改定、軍人恩給復活の布石であった。こうして「軍務に服した者に特権的な補償を与える制度」が再発足した。この素早い対応を準備していたのは、戦前からの生き残りとして、占領下にあっても分厚い層を形づくっていた保守的な官僚および政治家たちであった。

もとより、国家の間違った政策が生み出した戦死者とその遺族・戦傷者に対して事後的に補償を行なうことは、国家の当然の責務ではある。だが、それが全体的な社会保障政策の枠内からはみ出て、特権的な位置を与えられた仕組みをこそ、つまり、先にも触れたが、戦前を支えた政治的・社会的構造がそのまま温存されたという事実を問わなければならない。そのために、人権や被害の平等負担の観点は消えた。軍人・軍属ではない一般の戦争犠牲者（原爆・空襲などの犠牲者、「残留孤児」、シベリア抑留者）への補償は軽んじられ、その被害は「受忍させる」ものとされた。国籍条項に基づいて、かつて植民地支配下に呻吟し、出兵させられた「外国人」への補償は無視された。こうして、一九五三年に始まった軍事恩給制度の下での支給総額は、二〇一一年段階で五〇兆円に上った。二〇一五年度予算政府案の総額は九六兆円である。

戦後社会に根づかなければならなかった、植民地支配と侵略戦争への反省の意識は、その意味では、夫・息子・兄・弟・孫が戦死か戦傷したという悲しむべきことがらが「経済的に報われた」ことによって、その芽を摘まれた。逆にいえば、肉親の死を悼むという人びとの自然な思いを、国家は金銭の力によって、国家主義の枠内に回収しようとしたのである。

遺族を組織した日本遺族会は、選挙においては自民党のための巨大な集票マシーンとして機能した。

3

最後に触れておきたいのは、一九二三年の関東大震災時の朝鮮人虐殺問題である。私はここ数年、大杉栄に関する講演を複数回依頼され、大杉の虐殺死を招いた時代の諸問題をあらためて考えていた。正直に言えば、私は、震災後に起きた朝鮮人虐殺と河合義虎ら南葛労働会メンバーの虐殺（亀戸事件）と大杉栄らの虐殺（大杉事件）の三つを、大震災に伴って起こった一連の悲劇的な事件として並列的に捉えることに慣れ親しんでいたと思える。だが、姜徳相の『［新版］関東大震災・虐殺の記憶』(21)を読んで、著者が旧版でも強調していたことがらを私がほとんど自覚していなかった事実に気づいて愕然とした。著者は「この本を書くにあたって、著者が被害民族の一員として告発の刃をつきつけることになってはいけない、そのためにできればこの仕事は日本人自身の歴史の問題として追究してもらいたい、とのためらいの心がなかったわけではない」と自戒しつつ、「朝鮮人は九月一日を防災の日とはみない、民族の受難を思い、苦難の歴史を回顧し、朝鮮民族の在日の歴史をかみしめる日である」との立場から、事態の全貌をあぶり出す作業を行なっている。ここでの私の問題関心からいえば、最終章の「社

※　いまだに一面識もない二村一夫に、私は若いころ、間接的にお世話になった。一九二〇年代に始まる初期社会運動・共産主義運動・プロレタリア文学運動などの文献を読むために駒場の日本近代文学館や法政大学大原社会問題研究所に通い詰めたのは一九六〇年代後半だった。そこで古い雑誌を渉猟するうえでの書誌的・文献学的な手引きをしてくれたのが、紀要などにおける二村の一連の仕事だった。先年偶然な機会に、二村が一九九七年以降、インターネット上に自力で『二村一夫著作集　The Writings of Nimura Kazuo』http://oohara.mt.tama.hosei.ac.jp/nk/を開設していることを知って、この先達の果敢な研究・発信の姿勢に打たれた。従来の多くの論考を網羅しているうえに、新たな論考も補充されてゆく現在進行形のオンライン著作集である。亀戸事件に関する氏の論考も参考資料も、自力で編集刊行しているだけに信頼に値するであろうこの「著作集」で参照

会主義者の問題」が検討の対象となる。

姜徳相の叙述に従って、時間軸に沿って出来事を簡潔に整理してみる。

九月一日正午……震災発生

同日　夜半から……朝鮮人虐殺始まる（〜同四日頃まで。犠牲者は総計約六〇〇〇人有余と推定）。

九月四日夜〜五日……南葛労働会に属する河合義虎、平沢計七ら一〇人が官憲によって検挙され、その後虐殺される（事の次第を、人びとが噂し始めたのは九月一五日以降）。

九月一六日……大杉栄・伊藤野枝・橘宗一虐殺（人びとが知るのは九月二〇日以降）。

労働史家・二村一夫※の調査に基づけば、九月四日以降検挙された一〇人の日本人社会主義者のうち八人が、二日以降自警団活動に加わっている。彼らが朝鮮人虐殺の直接の下手人になった証拠は、ない。だが、朝鮮人と「誤認」された者がいて、その同志が「夫レハ鮮人ニアラズ」「ダカラ返シテ呉レト交渉シタ」との証言が残っており、誰某は「色白ク丈高イ一見鮮人

が可能である。

(21) 青丘文化社、二〇〇三年／（旧版）『関東大震災』、中公新書、一九七五年

ト見違ワレ易キ容姿ヲ備エ」などという発言をしたなどと知ると、「一五円五五銭」の発言を強要した一般自警団員との距離はあまりない、と姜徳相は適確にも指摘している。危険人物とマークされていたことからの防衛本能からではあろうが、大杉栄も九月九日以降は自警団に参加している。[22]これらの事実が、少なくとも、日本社会にあって朝鮮人と日本人社会主義者／アナキストとの間に横たわる、立場の大きな違いを暗示していることだけは確かである。※

事件が起こった日時、事件の様態、そこへ至る経緯、(ひとりひとりの命が掛け替えのないものであることは前提だが)犠牲者の数の多寡、問題の「発覚」、権力と民衆の反応のあり方、報道、犯人の処罰の有無——三つの事件に関してこれらの観点から仔細に検討すると、日本の官民が一体をなした民族的犯罪である朝鮮人虐殺と、自民族内における権力犯罪としての亀戸・大杉両事件の違いが顕わになる。

日本人研究者や活動家の多くが(私も含めて)この三つの事件を並列して語ることに慣れてきたのは、黎明期の社会主義運動やアナキズム運動に関わっていた〈日本人〉への心情的な共感が深かったためだろう。事件の直後、亀戸事件に抗議する集会を開いた労働者大会は「宣言」を採択しているが、

※『現代史資料6　関東大震災と朝鮮人』(みすず書房、一九六三年)には、山崎今朝弥、布施辰治など「当時の良心とも思われる」日本人の論評が収められている。この資料集を姜徳相と共同編集したのは琴秉洞である。琴は『朝鮮人虐殺に関する知識人の反応』全二巻(緑蔭書房、一九九六年)において、さらに詳しくこの問題を検討している。そして、「大震災の朝鮮人虐殺に対する日本側と朝鮮人の反応」(関東大震災85周年シンポジウム実行委員会編『震災・戒厳令・虐殺』三一書房、二〇〇八年)においては、たとえば河合義虎の日頃の思想と行動を検討し、夜警や自警団に参加したこと自体が「殺す側にいた」とするのは無理がある、と強調している。また、山田昭次は、『関東大震災時の朝鮮人虐殺とその後——虐殺の国家責任と民衆責任』(創史社、二〇一一年)において、この問題をめぐる「日本人の民衆と社会主義者」の反応を論じた。そこでは、姜徳相の立

そこでは朝鮮人虐殺事件に関する言及は一つもない。日本労働総同盟会長・鈴木文治は朝鮮総督・斎藤実に宛てた九月二九日付け書簡において、震災後に起きた「不祥事」の根源を思えば、総同盟内部に「鮮人部」を設け、「鮮人労働者の保護救済」「思想の善導」に尽力し、もって植民地支配に一役買う所存であることを説明したうえで、その活動を実施するための人件費などの負担を乞うている。いずれも驚くべき内容だとはいえるが、だが、日本社会に住まう誰がそれを論難しうる立場に自らを置くことができようか。大杉栄も、社会変革のための実践活動はもとより、人間の精神活動の広範な分野への関心を示した。中国や朝鮮のボルシェヴィキや活動家との交流もあった。その彼にして、民族・植民地問題への関心の低さは隠しようもない。

去る二〇一五年五月二〇日、「関東大震災時の朝鮮人虐殺の真相を求める請願（第二次）」署名提出行動とともに、「国家責任を問う会・第六回院内集会」が参議院議員会館で開かれた。誰もが、事件から九二年後のいまになってもなお、日本国家による真相究明・救済措置・謝罪・補償・処罰の動きがひとつとしてない現実に苛立ちを隠さなかった。民族・植民地問題をめぐっては、私たちの社会は、一貫してこのような水準にとどまり続けてい

論の仕方に一定の疑問を呈しながら、「関東大震災時の朝鮮人虐殺は何よりも朝鮮人に被害をもたらしたが、『植民地の解放』という方向で国民の枠を越えようとした日本人の労働運動の動きを再び国民の枠に後退させ、日本人労働者自身の解放の道も閉塞させた」と結論づけている。

(22) 姜徳相、前掲書

ることを思わないではいられない。

＊＊＊

問題は、こうして、歴史的かつ現在的に出されている。一〇〇年経っても、七〇年経っても、日本の〈外部〉からは過去の歴史をめぐっての問いかけが絶えることはない。〈疲れた〉人びとは、何も見ようとも、何も知ろうともしないまま、攻撃的な無知と、排外主義的な民族主義と、帝国主義的な熱狂という病の上に居直っている。それをよいことに、その旗振りをする政治家もいる。〈疲れた〉とは言っても、私たちの社会は総体として、植民地支配や侵略戦争などの「過去のこと」と向き合うことなく、敗戦を終戦と言い換えて、近現代の歳月を生きてきたことは、ここで見てきたとおりだ。ここを逃れて、生き延びようとする限り、〈外部〉からの問いは永続的に続く。それに呼応し合う／響き合う〈内部〉の声を、遅ればせながらも、私たちは育まなければならない。

第 2 章　状況的

（Nov. 2015 − Jan. 2013）

I　二〇一五年

Abenomicsとは「コインがじゃらじゃら笑顔で輝く」の意

（一一月一日記）

英文学者で翻訳家の柳瀬尚紀が、今年はルイス・キャロルの『不思議の国のアリス』が刊行されて一五〇年目だとするエッセイを書いているのが目にとまった。(23) この人らしく軽妙な筆致で、この物語の主役は、子ども向けに翻案された物語と違って、ちっとも可愛くもないアリスではなく、言語であること、しかもその言語は、本来の意味をズラし、ナンセンス詩の一語一語に意味を付与し、こじつけ的に新たな言葉を合成し——といった具合に、言葉遊びで読者を解放する試みだ、としている。この〈起承〉は十分に共感できる内容なのだが、柳瀬は後半にきて突然に、日本の現実に話題を〈転〉じる。本当は書き写したくもない、嫌悪感で身が震えるような標語なのだが、「一億総活躍」なるキャッチフレーズを編み出した現首相は、キャロルを凌ぐ文学的才能の持ち主だと「褒め殺し」をするのである。言葉から意味を解き放ち、否、意味を剥奪し、かつまた自ら奪い取った意味を見事に修復してみせるだろう、と。
柳瀬は夢の中で、かのハンプティ・ダンプティに会ったそうだ。『不思議の国のアリス』の八歳下の妹『鏡の国のアリス』に登場する、奇怪な顔をした「意味の君臨の信奉者」である。柳瀬が「キャロルに並ぶ文学的才能を有するわれらが宰相のことを得意げに話す」と、ハンプティ・ダンプティは紙に等式を書いて、すーっとどこかへ消えた、という。〈結〉語は、すべて引用しよう。

Abenomics ＝ CoinsBeam　キャロルの得意な綴り替え（アナグラム）である。コインがじゃらじゃら笑顔で輝く、の意味だ。要するに、アベノミクス社会でカネだけは喜々として活躍するのだろう。これが一億総活躍の意味らしい。

アリスの物語に始まり、この社会の「民意」を幻惑し続けているまやかしの経済政策を皮肉るに至る、〈起承転結〉の効いた、柳瀬らしい文章であった。柳瀬発案のアナグラムも見事だ。このエッセイを受けて、「コインがじゃ

(23)『しんぶん赤旗』二〇一五年一〇月二三日

らじゃら笑顔で輝」いている現実の〈裏表〉をいくつか見ておこう。

誰よりも笑顔が輝いているのは、兵器ビジネスである。政府はこの間、金蔓の経団連の要望に応えて、武器輸出を容認する「防衛装備移転三原則」を決定し、防衛装備庁も発足させた。ここまでくれば、兵器産業が利益を生み出し続けるためには、日本が関与できる戦争がなければならない。戦争法案をなりふり構わぬ形で「成立」させた背景には、この経済的な欲求をも見ておくべきだろう。同時に、防衛省が発表した「自衛官再就職状況」書によれば、多数の幹部自衛官が代表的な軍需関連企業へ天下っている事実にも注目したい。現首相が得意とする「外遊」には、常に、兵器製造企業も含めた大企業幹部が大挙して随行している。訪問先の国々で、兵器の共同開発、輸出などに向けた協定が次々と成立していることも忘れるわけにはいかない。首相はこれを「トップセールス」と称して、悦に入っているのである。国家が「死の商人」と一体化しつつある実態が、そこには見てとれる。

辺野古への基地「移設」問題に関わって、政府が県や名護市の頭越しに、名護市の辺野古、久志、豊原の三区に直接振興費を交付するという戦術も、「基地を受け入れるものにだけ金を出す」という、いかにも拝金主義者らしい卑劣なやり口である。※ 地方自治体の財政規律など、彼らは歯牙にもかけ

※　一〇月二六日、政府は辺野古の新基地建設埋め立て予定地に近い、名護市内の三区の区長を首相官邸に呼び、地域振興を話し合う懇談会を開き、地元から要望のあった「芝刈り機購入や放送設備修繕工事」のために総額三〇〇〇万円の支出を決めた。政府は、市長が基地建設に反対している名護市へは、再編交付金を支出していない。また、一一月六日、菅官房長官は三区に対して直接振興費を支出する理由を問われ、「反対運動の違法駐車や交通量の増加で騒音が激しくなったことに対応するのは自然なことだ」と述べ、振興費は「迷惑料」的な性格を持つものであることを示唆した。

ていないのだ。

他方で、こんな現実もある。厚労省の調査に基づいてさえ、子どもの貧困率（住民一人ひとりの所得を試算し、真ん中の人の半分に届かない人の割合）は一六・三％で、六人に一人の子どもが貧困状態にある。そこで政府は「子供の未来応援基金」なるものを創設したのだが、発起人には首相、経団連や全国市長会・日本財団の代表者らが名を連ねて、民間からの募金や寄付を子どもの貧困対策に充てるつもりのようだ。児童扶養手当や返済不要の給付型奨学金の拡充に取り組もうともしない政府が、公的責任を放棄して、民間の「善意」に頼ろうとしている姿勢が明らかだ。「活躍」する可能性の低い貧しい子どもに対して「じゃらじゃら」公金を注ぎ込むわけにはいかないという本音が、そこからは聞こえてくる。

Abenomics の本質は、まこと、あちらこちらで透けて見える。それでいてなお、首相の大きな顔のそばに「経済で、結果を出す」（これぞ、まさに、CoinsBeam ではないか）というスローガンの掲げられた自民党の新しいポスターが、この国では効力を持ち続けるのだろうか。

国連で対照的な演説を行なったふたりの「日本人」

（一〇月二日記）

戦争法案の参議院「可決」が異常な形で演出されて間もない九月下旬、一週間ほどの間隔をおいて、ふたりの「日本人」が国連演説を行なった。二一日に国連人権理事会（ジュネーブ）で演説したのは、戦争法案成立の脅威をどこよりもひしひしと感じざるを得ない沖縄県の、翁長知事である。与えられた時間はわずか二分間だった。知事は、軍事基地問題をめぐって日米両国政府から自己決定権と人権を蔑ろにされている沖縄の人びとの現状に的を絞って訴えた。短い発言とはいえ、大いなる関心を世界的に掻き立てたかに見える。

その論点は、同じ日にジュネーブで行なわれた国際シンポジウムおよび翌日の記者会見、さらには帰国した二四日に日本外国特派員協会（東京）での会見における発言によって、ヨリ詳しく展開された。それらを総合すると、知事が依拠した主要な論点が見えてくる。私は特に、知事が「沖縄は一三六年前までは、人口数十万人の小さな独立国だった」と語った後、併合・戦争・占領・返還の歴史に簡潔に触れてから「私たちは琉球王国のように、アジアの懸け橋になりたいと望んでいる」と述べた箇所に注目した。一八七九年の「琉球処分」時までは沖縄が独立国であったことを主張することは、歴代日本政府の主張と真っ向から対立する。沖縄も他県と同じ日本民族に属するとするのが、政府の変わることのない考え方だからだ。独立国が他国に支配されることはすなわち植民地化であり、そこへ植民者（コロン）が入り込むことによって「先住民」が生み出されるのは、世界各地に共通に見られることだ。自民党沖縄県連は、出発前の知事に対して「先住民の権利として辺野古基地反対を言うな」と釘を刺した。近代化の「影」の存在であることを強いられてきた先住民族の権利を回復する動きが、国連に象徴される国際社会の水準では具体化しており、それが「日本国家の統合性」を危機に曝すことに彼らは気づいているのであろう。

一九七七年、沖縄も重要な拠点として『分権・独立運動情報』という思想・運動誌が創刊された。「コンミュン革命をめざす分権独立・反差別地域主義の運動情報誌」という副題が付されていた。近代国民国家の脆さを見抜いた、早すぎたのかもしれないその問題意識は、いま、スコットランドやカタルーニャなどにおける自立へ向けた胎動および沖縄の現在の中でこそ生きていると思える。同時に、九月末には、地主が米軍への貸与を拒否した軍用地の強制収容手続きをめぐり、沖縄県知事（大田昌秀）が国に求められた代理署名を拒否してから二〇年目を迎えたという報道に接すると、あのとき県を訴えて裁判にした国側を代表する首相は社会党の村山富市であったことを思い出す。そこからは、ヤマトにあって沖縄差別を実践している主体を「保守・革新」で明確に分けることはできず、「革新」派も含めた「ヌエ」的な実態であることをあらためて確認しなければならない、とも思う。

国連の場に登場したもうひとりは、二九日の国連総会（ニューヨーク）で一般討論演説を行なった首相である。戦争法案をめぐる国会質疑で幾たびも答弁不能の醜態を曝しながら恬として恥じないという「特技」をもつこの男は、その演説で、どこからも要請されていない日本の「常任理事国入り」を力説したと知って、私は世界に向かって恥じた。シリアからの難民の一女性がわずかに手にしていた物の中に、日本政府がアラブ地域の女性たちに配布してきた「母子手帳」があったようだが、そのことを「わが援助の成果」として誇らしげ気に語るその姿に、〈殺意〉をすら感じた。首相の無恥な言動は、日本国に何らの責任も待たない私をすら恥じ入る気持ちにさせてしまう。加えて、記者会見で難民を受け入れるかどうかをロイター記者から問われた首相は、「人口問題で申し上げれば、移民を受け入れるよりも

※　国際メディアはこれについて、「安倍首相：日本は難民支援の用意はあるが、受け入れはしない」（ワシントンポスト紙／AP通信）、「安倍首相、日本はシリア難民受け入れより国内問題の解決が先」（ロイター通信）、「日本、シリア難民受け入れの前に、国内問題の対応が不可欠と話す」（英ガーディアン紙）などと報じた。インターネット・マガジン『アイ・アジア』一〇月五日付 http://www.npo-iasia.org/i/archive/2015/10/abe-conference.html は「米記者から『出来レース』批判された安倍首相国連会見」と題する記事を載せている。それによれば、ロイター記者の質問は「予定外」で、首相のみならず、なぜか日本人記者全員が慌てふためいたという。米人記者が入手した官邸資料によると、質問者も質問内容も予め決められていた。さらには、米公共放送NPRの記者が辺野古移設後の環境汚染問題という「想定外」の質問をすると、首相は明確な答えができな

前にやるべきことがある。女性、高齢者の活躍だ」と答えたという。この呆れ果てた問答を、つまらぬ内閣改造のことは大々的に扱ったメディアがほとんど報道しないとは、はて面妖な、と私は思う。※ 私が使う辞書にはない「国辱的」とか「売国奴」という表現は、首相のこの言動に対してなら使えるか、とすら思えてくる。

※いままに会見は中止になったという。政治家ばかりか日本ジャーナリズムのあり方そのものの問題性が浮かび上がる。

私が言いたいことは、こうである——二〇一五年九月下旬、日本社会で進行する諸情勢を正確に反映した、このふたりの「日本人」国連発言に注目している外部世界の人が、もしいたならば、メトロポリス（東京）ではなくローカル（沖縄）にこそ、論理と倫理と歴史意識の担い手が実在していると考えるだろう。それも知らぬ気に生きているのは、「内国」に住む私たちだけなのだ。

（九月五日記）

内向きに「壊れゆく」社会と難民問題

一年でこの時期だけ国を挙げて戦争時代を回顧する「八月のナショナリ

ズム」の日々――私なりに、さまざまな思いをもって過ごした。「八・一五」の前日には、近くを通りかかったので靖国神社へ入った。急に、その前日の雰囲気を感じ取っておきたくなった。鳥居前の歩道に、「中国人、朝鮮人、反日主義者による敵情査察お断り」の旗を掲げる人物が立っていた。境内は、翌日の全国戦没者追悼式に参加するのであろう、各県の遺族会員が五〇人や七〇人の塊りをなしていて、いっぱいだった。高齢者からその孫の世代まで、一家を挙げての参加者の姿が目立った。これを大切な「年中行事」のひとつとしている家族が多いのだろう。翌朝の新聞には、厚生労働省が、戦没者遺族に対する「特別弔慰金」を支給するとの広告を載せていたが、軍人とその遺族（優先順位高位の人が亡くなっている場合には、孫・姪・甥までが支給対象となるのは、従来通りである）を経済的に手厚く遇する措置は、しかるべき効果を生み出している事実を、目の当りにする思いだった。

悔しいが八〇〇円を支払って「遊就館」にも入った。持ち時間も少なかったが、家族連れで混み合っていて、じっくりと見ることはできなかった。それでも、知る人ぞ知る靖国神社的な戦争観のエッセンスは掴み取った。この社会の中にあって、それはけっして「浮いている」史観ではない、だからこそ問題なのだ、と思った。

八月の別な日々には、七〇年前までのこの社会の姿を何度も思い起していた。校舎の壁に貼られている「鬼畜米英」と書かれた紙、本土決戦に備えて竹やり訓練に励む〈銃後の〉女性たち、バケツリレーで消火のための水を運ぶ防空演習――私はそれに参加したり、見たりしたことのない世代ではあるが、「戦前」といえば、書物や映画で見知っている、この滑稽で、異常な光景を思い起こす。戦後の仕事を読み、見聞きしてこころを寄せる多くの作家や詩人、評論家、画家たちが、戦前のこの社会的な雰囲気の中にあって異端児ではなかったこと、与えられた役割をしっかりと果たしていたことを知ったときの驚きも、いまなお鮮明な記憶だ。

あんな時代が繰り返されるはずがない――わけもなく、そう思い込んでいたのは、あの時代の〈異常性〉があまりに際立っていて、人間の理性はそれを反復するほど愚かではないだろうという〈期待〉か〈希望〉があったからだ。だが、この社会の現状を見て少なからぬ人びとが思い始めているように思える――「社会はここまで壊れたのか」と。

この間「政治の言葉」、正確には「政治家の語る言葉」が壊れていることは、何度も触れてきた。短期的に言えば、小泉純一郎が首相になった時期から、それは始まった。日々のニュース報道の中でもっとも露出する度合いが高い首相の言葉がどれほどまでに壊れていようとも、それでいて、彼は大衆的な「人気」を誇る人物でもあった。「壊れていること」がマイナス価値ではなく、ごく「ふつう」のこととして社会に浸透した。

いったん壊れ始めると、容易には止まらない。それがまるで「運命のように」人びとを、社会を縛る。戦争法案をめぐる国会質疑、原発再稼働、辺野古・高江問題への政府の態度、オリンピックをめぐる大混乱――「壊れていること」が「ふつう」のこととなって、社会に浸透してしまったという実感を拭い去ることはできない。遊就館に掲示されている史観と心を一つにする人物が与党総裁となり、首相となる時代には、その史観もごく「ふつう」のものとなって、それを極限的に表現する在特会的な存在までもが現れる。当たり前の因果関係だ。

この国内情勢との関連で、私がいまもっとも注視しているのは、前々回も触れたヨーロッパ圏に向けて難民が押し寄せている問題だ。[※] 欧州圏の草の根では排外主義的な動きもあるが、政府レベルの態度は、いまのところ人道主義に根差して冷静である。[※※] 他人事ではない。近隣アジア圏にひとたび社会的混乱か動乱が発生した時には、日本は現在の欧州圏の立場におかれよう。政府と大衆のレベルで排外主義が「ふつう」のこととなった社会が、

※　国連難民高等弁務官事務所が発表している報告書に基づくと、二〇一四年末現在で、世界には五九五〇万人の国内避難民・難民がいる。内訳は、国内避難民が三八二〇万人、難民が一九五〇万人である（難民申請中の人を除く）。世界人口の一二二人にひとり、日本の人口の半数近くが難民であるということになる。シリア難民は、トルコ、レバノン、ヨルダンだけで三六〇万人であり、難民受け入れ国の上位は、トルコ、パキスタン、レバノン、イラン、エチオピア……となっている。EU圏に難民が溢れ出るようになってはじめて報道量が増えるという事実から、周辺のアラブ諸国の苦悶を国際社会がふだんは見過ごしているという問題が浮かび上がる。http://www.unhcr.or.jp/html/index.html

※※　欧州連合（EU）はその後、難民受け入れ分担を決めたが、これに反対する動きも目立ち始めている。一〇月下旬

その試練によい形で堪え得るとは思えない。内向きにだけ「壊れて」いくとすれば、それは私たちの自業自得だが、そう言って済ますことのできない近未来が、そこに、ある。

（八月一日記）

国際的な認知を得ている、沖縄の自己決定権の論理

七月二一日付け『沖縄タイムス』の「戦後七〇年」特集の中には、共同通信の配信ではあるが、「米軍、異例の長期駐留」と題する大型記事がある。米国国防省のデータを基に、一五年三月三一日現在「各地に駐留・展開する米軍の兵力数」と題された地図を参照すると、以下の数字が浮かび上がる。日本＝四万九〇〇〇人、ドイツ＝三万八〇〇〇人、韓国＝二万九〇〇〇人、英国＝九〇〇〇人、イタリア＝一万一〇〇〇人、米領グアム＝五〇〇〇人、ハワイ＝五万一〇〇〇人、イラク＝三〇〇〇人、アフガニスタン＝一万人——詳しく挙げると、米軍駐留世界地図はいっそう複雑化しようが、これだけ見ても、アジア・太平洋戦争の終結→占領統治→東西冷戦→冷戦終結

に行なわれたポーランド総選挙では、カトリックの伝統的な価値を重んじる立場から、イスラーム教徒の移民・難民の流入の危機を煽った右派「法と正義」が圧勝した。難民が押し寄せる主要ルートになっているバルカン諸国でも、難民の入国規制に向かう動きは顕著であり、オーストリア、スイス、スウェーデンなどでも、反移民を掲げる極右政党への支持が高まりつつある。

後の「反テロ」戦争と続く現代史七〇年を貫く、〈世界を俯瞰した〉米国の軍事支配戦略の意図が顕わになる。

記事は、沖縄米軍は「世界の歴史でも異例の外国への長期駐留」となっているという米国国務省当局者の発言を記しているが、同時に、一九七二年に実現した沖縄返還交渉に米側から参加した国務省スタッフから次の言質も取っている。「日本政府が返還後に沖縄の基地を戦争で使用することは一切認めないと言い出さないか、米軍内の懸念が強かった。米軍が可能な限り沖縄の基地の自由使用を続けられるようにすることが目標の一つだった」。加えて、こうも言う。「(一九七二年当時は)一〇年以内に撤退すると思っていた」。

従来から明らかになっていたことで再確認の意味でしかないが、ここから二つの問題を取り出すことができる。一つには、駐留米軍世界分布図は、米国が最強の軍事力を誇示して世界を制覇しているかに見えるが、それは同時に、そのために米国が〈切れ目のない〉戦争の時代を生き続けていること、すなわち〈戦後〉なき歴史を刻み続けているという事実である。第二次世界大戦終了後七〇年目の今日もなお(!)。こんな国が行なっている戦争に〈積極的に〉馳せ参じて集団的自衛権なるものを発動しようとする国の未来図もまた、見え易い。二つ目には、日本の歴代政権も外務・防衛官僚も、軍事基地の負担に喘ぐ地域住民の現実と意思を全面的に無視した地点で、米国の世界戦略に従属してきただけだという現実である。もちろん、その背後には、「日米安保と憲法九条」が一体化してこそ維持されてきたヤマト的秩序に安住してきている「民意」が存在していることを見抜かなければならない。

日米両政府と日本の「民意」の、このような不当な態度に我慢がならず、「国家」と「国民」の制約を超えた地点で問題提起しているのが、国際人権法と国際立憲主義に基づいて沖縄の自己決定権を主張する論理である。政治学専攻の島袋純は「自己決定権とはどういう権利か」[24]において、その論点を整理している。思い返せば、一九八六年、当時の首相・中曽根の「日本＝単一民族国家」発言がなされて以降、アイヌ民族は国内的にはこれを徹底的に批判しつつも、同時に、国連の人権理事会などの国際的な場において、日本社会の人権状況を広く訴える活動を展開してきた。国連の組織編成のあり方や、そこで採用される随時の決議や方針に、いかなる問題が孕まれていようとも、こと少数者の権利を確立し擁護する点において、国連が一定の肯定的な役割を果してきていることに疑いはない。国連や国際法の概念

(24)『沖縄タイムス』二〇一五年七月二〇日、二一日、二二日(全三回)

でいう「先住民族」論に依拠して自己決定権を主張するのである。アイヌ民族のこのような動きに示唆を得たのか、ここへ沖縄の人びとも参加して、琉球地域の先住民族としての権利が、日米両政府の軍事政策によって侵害されている実情を訴える姿に私は注目してきた。※その努力は実を結び、沖縄の人びとは、先住民族の権利に関わる国連宣言（二〇〇七年総会決議）やＩＬＯ一六九号条約に基づくなら、主権国家建設の際に住民の意思に背き強制的に併合された集団であることが、国連および国際社会においてはすでに確認されている。国連人権（自由権規約）委員会は二〇〇八年に、先住民族である以上「琉球・沖縄の人びとは特別な権利や保護を受ける資格」を持ち、「彼らの土地についての権利を認めるべきである」ことを日本政府に勧告している。二〇一〇年には人種差別撤廃委員会が、「不均衡な軍事基地の集中が（沖縄の）住民の経済的、社会的、文化的権利の享受を妨げている」事実を指摘している。

現政権による異常なまでの「法」の破壊状況を目撃しつつあるいま、国際社会においては、理に叶った「法の支配」が進んでいる側面もあることを確認できることは、ひとつの救いである。

※　近年「琉球独立論」を展開している松島泰勝によれば、「琉球人は民族の自己決定権を有する先住民族であり、その権利を行使して、米軍基地を琉球から撤去したいと考えて」、自らが国連先住民作業部会に参加したのは一九九六年だったという（『沖縄タイムス』二〇一五年九月一八日）。松島は、市民外交センターのメンバーとして参加したのだが、同センターは一九八一年に上村英明などによって設立された。先住民族の存在が、近現代の世界秩序に挑戦し、その一端を作り変えてゆく過程は、上村の『新・先住民族の「近代史」』（法律文化社、二〇一五年）に詳しい。

「グローバリゼーション」と「反テロ戦争」がもたらした一つの現実　（七月四日記）

最近のテレビ・ニュース番組は、報道すべきニュースの選択でもその内容でも、あまりにひどいので久しく見ていないというと、共感する人が多い。ＢＳの「ワールド・ニュース」を見ているほうがよほど世界のことがわかる、という人もいる。私も、時間の許す限り、このニュース番組は見ている。六月中旬のある日、「フランス・ドゥ」が伝えたニュースには、不意を突かれる思いがした。

ハンガリーがセルビアからの難民・移民の流入を防ぐために、全長一七五キロに及ぶ対セルビア国境に、高さ四メートルの鉄条網を「壁」として建設するというニュースである。ハンガリーに入国した難民・移民は、二〇一二年には二〇〇〇人だったが、二〇一五年は前半期だけで五万四〇〇〇人に達しており、この数字は人口比で見ると、欧州ではスウェーデンに次ぐ難民受け入れ国になっているようだ。シリア、イラク、アフガニスタンから戦禍を逃れた人びとが多い、という。ハンガリー政府の言い分によれば、財政的な負担に堪えられない以上やむを得ぬ対処方法であり、この緊急措置はいかなる国際条約にも抵触するものではなく、時間は切迫しており、早く建設しなければならない、という。

このニュースからは、ふたつの問題を引き出すことができる。一九八九年、ハンガリーこそは東欧民主化革命の先駆けであった。諸改革を進めていた当時の政権は、同年五月、オーストリアとの国境線に敷かれていた鉄条網の撤去に着手した。六月には複数政党制による自由選挙が行われた。東ドイツ市民は、夏を迎えて、ハンガリー、オーストリア経由で西ドイツへの脱出が可能だと考え、ハンガリーに出国し、それがあの国境を越えて流れ出る人の波となったのである。それからわずか五ヵ月後には「ベルリンの壁」倒壊にまで至った東欧激動の同時代史を、私たちはまざまざと思いだすことができる。そんな歴史的な役割を果たし得たハンガリーが、四半世紀後のいまは、世界情勢の激変に翻弄され、改めて国境の「壁」の建設に着手している。

マグレブ地域から地中海を超えてスペイン、フランス、イタリアなどに殺到するアフリカ難民については、難民船が定員をはるかに超える人びとを乗せていて起こる悲劇も含めていくつもの報道に接してきたが、今回のハンガリーに関する報道を見て、欧州が（旧東ヨーロッパ圏も含めて）総体として直面している難民問題の重層性が見えてきたという意味で、「不意を突かれた」というのである。「歴史は繰り返す」とか「あのハンガリーが、逆説的にはいま……」とかの、手垢にまみれた言い方ではない言葉で〈現在〉を表現したいとは思うが、適切な言葉が、今の私からは出てこない。もちろん、難民・移民とは、新自由主義的原理に基づいて世界の再編成を行なっている「グローバリゼーション」（＝現代資本主義）の趨勢が、〈労働力移動〉という形で必然的に生み出したものであると捉えることは前提ではあるが。

ふたつ目の問題は、ハンガリーに殺到している難民の出身国から導かれる。アフガニスタン、イラク、シリア……と聞けば、（シリアには異なる要素もあるが）そこはいずれも、二一世紀初頭以降、外部世界から発動された「反テロ戦争」の戦場そのものであり、無人機を含めた爆撃機からの空爆に怯える人びとが、大量に脱出を図っている国々である。「因果」の関係ははっきりしている。「反テロ戦争」こそが、アフガニスタン、イラク、シリアの人びとはもとより、その「余波」を受けているハンガリーなどの諸国の「苦悶」を生み出しているのである。

この日の「フランス・ドゥ」にしても、前者の問題には触れる。グローバリゼーションの波及力には言及せずして、「二五年前には東欧共産圏にあって率先して鉄条網を撤去したハンガリーが、皮肉にも今度は……」風なもの言いで。だが、後者の問題にはまったく触れない。「因果の関係」については、結局、メディア報道の読者であり視聴者である私たちが「自発的受動者」たる位置を離れて、自力で極めていくほかはない。その点は、ギリシャ情勢についても、戦争法案をめぐる攻防についても、辺野古に象徴される沖縄の状況に関しても、同じことだ。

（六月五日記）

相手の腐蝕はわが魂に及び……とならぬために

残す任期が少なくなってきた米国大統領オバマについては、歴史に名を残す「レガシー（遺産）づくり」のニュースが絶えることはない。革命直後からの半世紀以上にわたって敵視してきたキューバとの国交正常化は具体化の途上にある。他方、オバマの任期中に、黒人奴隷の末裔たちに賠償金が支払われるのではないかという「噂」も根強い。奴隷労働「最盛期」にその労働に従事させられていた人の数、一日の労働時間、現在の最低時給額、結局は支払われなかった賃金の、一〇〇年以上に及ぶ未払い期間の金利を複利計算して、それらを総合し、奴隷の子孫が請求できる対価を五九兆二〇〇〇億ドル（約七一〇〇兆円）とする計算もある。現在四〇〇〇万人である黒人でこれを分配すると、一人当たり一四八万ドル（約一億七七六〇万円）になる。米国の二〇一五年度歳出額が三兆九〇〇〇億ドル（約四六八兆円）であることを見ても、実現不可能な数字であることは明白だ。[25] 賠償が実現するか否かはいまだ不明だが、第二次大戦中に強制収容した日系人に対する賠償金の支払いが実施された例もあり、突飛なことではない。ともかく、歴史的過去をめぐるふりかえりが、このような水準でも行なわれている米国の社会状況の一端は見えてくる。

フランス大統領オランドは、去る五月のキューバ訪問の際に、その隣国で、旧植民地であるハイチも訪れた。遥か昔の一八〇四年、世界初の黒人共和国としてハイチが独立したとき、フランスは「独立承認の条件」（！）として多額の賠償金をハイチに支払わせた。今回、オランドはその事実を十分に意識しながら、「過去は変えられないが、未来は変えられる」と演説し、五年間で一億三〇〇〇万ユーロ（約一七五億円）の援助表明も行なった。[26]

(25)『東京新聞』二〇一五年四月二六日

(26) 時事通信（サンパウロ）配信、二〇一五年五月一三日付

対外政策だけを見てみても、オバマは無人機爆撃も活用しながら世界各地で侵略的な軍事路線を遂行しており、オランドもまたアフリカやアラブ地域に対する戦争政策を憚ることなく展開している。私から見て、決して信頼しうる政治家ではない。それでいてなお、右の二つのエピソードから私は微かなりとも「歴史の鼓動」を聞き取っているのだが、それはとりもなおさず、自分が住まう社会＝日本の政治からは、それが決して響いてこない種類のものだからである。

五月二七日と二八日の両日、衆議院安保法制特別員会において共産党の志位委員長が行なった質問と首相らの答弁の全容を、新聞の六面全体を割いて詳報する『しんぶん赤旗』の同月三〇〜三一日号で読んだ。国会中継は見る時間がない。仄聞だが、首相らが窮地に立つ場面はカットされる、最近とみに恣意的な編集が目立つというニュース番組は、隔靴掻痒であるうえ、「(下劣な政治家は）顔も見たくない」というのが本音だから、ほぼ見ない。一般紙が報じる質疑内容は、あまりに簡略化されていて、よくわからない。たまに、こうして、質疑応答の全容を伝える記事を読むと、現在の国会論議の水準がよくわかる。水準はわかるが、首相らの答弁の意味はほとんど理解不能だ。志位は苛立ち、質問にだけ答えよ、と繰り返すが、首相らは聞く耳を持たぬ。質問にはまともに答えないままに、長々と持論を展開する……。とりわけ、日本政府がいう「後方支援」なるものは、国際的には「兵站」といい、「兵站こそ武力行使と一体不可分であり、戦争行為の不可欠の一部だ」と追及されても、「兵站は安全が確保されている場所で行なう」としか答弁しないのだから、討論そのものが成立しないのである。

美術に通じている友人が、言ったことがある——二流、三流の絵画ばかりを見ていると、目が腐ります。

私の考えでは、B級映画にもB級グルメにも得難いものはあるが、美術の世界は違うかもしれぬ。素人なりに納得する意見である。

日本の政治状況を眺めながら、友人の言葉をよく思い出す。論争する相手がその人なりの論理をきちんともち、あっぱれな倫理性の持ち主でもあり、賛同はできぬまでも、持てる政治哲学や歴史認識の方法にも一家言ある人ならば、それに対峙する私たちも切磋琢磨しなければならず、自分なりの高みを目指しての努力を続けることはできる。そうではない人間たちを相手にしなければならないとすれば……？　こんなのを相手にしていると、自分自身が腐蝕していくような気がする。相手の腐敗・腐蝕はわが魂に及び、とでもいうか。とめどなく奈落の底にでも落ちていくような。心底、疲れる。この無論理と非倫理をもって、あいつらは私たちを疲れさせようとしているのだろうか？　それが、あいつらの狙い目なのだろうか？

（五月七日記）

戦争の準備が「平和支援」？　壊れゆく言葉

「言葉が壊れ始めたな」と思ったのは、小泉政権の時代だった。大衆煽動の術だけは心得たこの男は、それまでの保守党政治家にはなかった歯切れの良さで、しかも断定的に言葉を発して、「断新さ」を演出した。彼が吐く言葉は実態を伴わず空虚そのものだったし、質疑応答の時には、相手をはぐらかす言葉しか使わなかった。したがって、論戦・論争は成立しようもなかった。それでも、演出の功か、大衆的な「人気」は高く、メディア上での小泉批判は弱かった。批判すると、抗議の電話やファクスが殺到し、減紙や視聴率の低下に直結するからであった。「敵ながらあっぱれ」とまでは口が裂けても言えないが、なにかしらの「才」はあることを感じさせた。

小泉が後継指名したのは、「拉致」問題に熱心に取り組んできたというふれこみの安倍晋三だった。時はすでに、政治家が近隣地域に対して強硬かつ敵対的な言動に出ればそのぶん排外主義的なナショナリズムが増幅される状況下にあった。この社会的な雰囲気を背景に、第一次政権が惨めに挫折したにも拘わらず彼は復活を遂げ、現在の「安定した」政権基盤を保持している。すでに二年半有余が経過した第二次以降の安倍政権下で「言葉はますます壊れ」つつある。

アジア・アフリカ会議（バンドン会議）六〇周年首脳会議における安倍演説は、その典型をなした。彼は日ごろから「私は（日本がアジア諸国を）侵略（したこと）を否定したことは一度もない」と答弁する。「否定した」ことはないかもしれないが、「侵略した」事実を自ら発語することは、一貫して、ない。「侵略の定義は定まっていない」というのが彼の本音だから、自らを主語に置いた明快な表現を極力避けるのだ。ジャカルタ演説においても、六〇年前に採択されたバンドン一〇原則でいう「侵略または侵略の脅威、武力行使によって、他国の領土保全や政治的独立を侵さない」を引用して、「この原則を、日本は、先の大戦の深い反省と共に、いかなる時でも守り抜く国であろうと誓った」と述べたのみである。ここでも、自分の言葉で語ろうとはしなかった。

一九五五年バンドン会議は、自らを植民地支配から解放し、侵略戦争に打ち勝ったアジア・アフリカ諸国が主導的に開催した。敗戦から一〇年しか経っておらず、「国際社会への復帰」も果たしていなかった日本からは、経済審議庁長官であった高碕達之助が出席した。高碕個人はいくらかなりとも「ハト派」とはいえ、再軍備などの「逆コース」を推進する日本政府代表が、革命や民族解放運動の指導者たちと同席していることへの不信感を、幼かった私は抱いた。この遠い記憶に基づけば、右に触れた安倍演説は、「主体なき我田引水」とでも言うべきもので、歴史を知る者/恥を知る者には、とうてい口にできる文言ではない。主語を立てたくないから引用にすがるのは、安倍の変わることなき詐術である。

現政権が自衛隊海外派遣恒久法を検討し始めたのは昨年七月だったが、去る四月、茶番としか言いようのない与党協議の場で「国際平和支援法」なる法案名が提示された。米軍が行なっている戦争を支援するために、いつでも、地球上のどこにでも自衛隊を派兵したり他国軍への給油や輸送を可能にしたりするというこの法案の本質は「戦争の遂行」を可能にすることに他ならないが、それを「平和支援」と呼ぶのである。この法案の立案者は、ジョージ・オーウェルの『一九八四年』[27]の良き読者なのだろう。架空の国=

オセアニア国の住人を精神的に支配した三原理――「戦争は平和なり、自由は屈従なり、無知は力なり」――を、心底信じることのできる影武者がいたのだろう。ここまで愚弄されて、真の「言葉」は、ウォーッ！という怒りの叫びをあげたくなるのではないかという思いすらが去来する。

一議員はいみじくも、関連法案を総称して「戦争法案」と名づけたが、このとき見せた政府・与党の反応を思えば、「戦争は平和なり」というスローガンによっては、いまは「屈従している、無知な」大衆を騙し続けることができなくなる日の到来を怖れているのだろう。逆に言えば、彼らは、これまでのメディア対策と世論操作が首尾よくいっていることに一定の自信を持っていることを意味しよう。

問題は、安倍など一握りの愚かな政治家たちの在り方にのみ帰せられるものではない。敗戦直後、昭和天皇の戦争責任が連合国側に免罪されたことをもって、戦争を支えた誰もが免罪されたと思い込んだ歴史を繰り返さないために、この現状をもたらしたのは、現政権・与党の路線に、消極的ではあっても一定の支持を与えてきた「民意」なるものであることを確認せずしては、何事も始まらないのだ。

(27) 高橋和久訳、ハヤカワ文庫、新訳版、二〇〇九年

「地下鉄サリン事件から二〇年」報道で語られないこと

（四月四日記）

「オウム、大ばか、死刑」――これは、二〇年前の地下鉄サリン事件に遭遇して、今もサリンの後遺症に苦しむ五一歳の女性の言葉だ。いったんは心肺停止状態に陥ったが、蘇生措置で命は取り留めた。だが八年半ものあいだ入退院を繰り返し、自宅療養中の今も片言しか話せず、体には麻痺が残り寝たきりの生活を強いられている。辛うじて発語できる「口癖の」言葉がこれだという。[28] 死刑制度の廃止を願う私は、末尾の「死刑」という言葉にはびくっとするが、かの女の止むにやまれぬ心の叫びとして受け止めなければならぬ。

去る三月二〇日は、事件から二〇年めであり、同時に、関連して起訴されたオウム真理教（以下、オウムと略記）元信者の公判が開かれている日々とも重なったために、例年より多くの回顧報道がなされたように思える。回顧報道において重要なことは、過去に起こった事件そのものと、その後ろに広がる背景とを、出来る限り正確に把握して行なうことである。仮にこの事件が起きたと同じ年に生まれた人の場合、同時代的には事件の記憶を持たないのだから、まるで真っ白な心で二〇年後の事件報道に接することになる。その人からすれば、今回の主流の報道からは、地下鉄サリン事件を引き起こすまでに「暴走した狂信的宗教集団＝オウム」というイメージしか残らないだろう。

だが、地下鉄サリン事件は防ぐことができた、さらには松本サリン事件も防ぎ得たという仮定が、もし成り立つとすれば？ そのとき追及の矛先は、何がそれを妨げたのか、という問いへと向かわなければならぬ。この問題について私は何度か書いてきたし、同じ考えの人も少数だがいる。改めて今回の情報洪水に抗する再確認の場としたい。まず、簡潔な関連年表を用意してみよう。

一九八九年…一一月　坂本弁護士一家（在神奈川県横浜市）「失踪」事件
一九九〇年…二月　右事件に関わった一信者、教祖（「尊師」）との対立関係が生じ、坂本一家の遺体を埋めた場所を神奈川県警に通告
一九九四年…六月　松本サリン事件
一九九五年…一月　オウム真理教本拠地のある山梨県上九一色村で、サリ

（28）『東京新聞』二〇一五年四月二日

ン成分発見報道

同　…………三月　東京地下鉄サリン事件

わずか六年間の出来事を記したに過ぎないこの小さな年表は「雄弁」である。坂本がオウムに出家した子どもを持つ親の相談に乗っていたこと、事件の現場にはオウムのバッジであるプルシャが落ちていたこと、遺体埋葬現場の密告まであったこと――すべてにオウムの影が差している。だが、神奈川県警は、坂本の金銭横領や内ゲバによる失踪情報を一部報道機関に流し、オウムに向かうべき捜査を徹底して怠った。県警が行なった共産党幹部宅盗聴事件などで坂本が属する弁護士事務所と「敵対」関係にあった警察には、そうする「理由」があったのである。[※] 事実、二〇年目を迎えた今回の一部報道で明かされたところによれば、警視庁捜査一課は一九九一年八月にオウム捜査専従班を設けたが、神奈川県警から横槍が入りわずか二ヵ月で中絶に至っている。各警察署の「管轄権限」の壁に突き当たったのである。

この一連の事態から松本サリン事件までは四年有余、地下鉄サリン事件までは五年有余の年月がある。県警がまともなオウム捜査を行なっていた

※　このあたりの事情は、渡辺脩『麻原裁判の法廷から』（晩聲社、一九九八年）に詳しい。

ならば、後者の二つの事件は防ぎ得たという結論を、ごく自然に導くことができる。人生上の迷いや苦しみの救済をオウムに求めたに過ぎない、幾人もの有為な青年たちが殺人者に化すことは避け得た。一二九人の死者も、冒頭で触れた女性を含めた六四〇〇人もの後遺症に苦しむ人も生まれずに済んだはずだ。したがって、神奈川県警の罪は大きい。この組織的な権力犯罪に触れることなく地下鉄サリン事件を回顧しても、事態の真相から遠ざかるほかはないのだ。

オウム教祖は「国家権力とのたたかい」を信者に高言していた。それは国家を無化する方向性においてではなく、国家が独占する暴力をオウムも手にすることで対抗できるという「幻想」に基づいていた。事件とオウムの関連性を示すたくさんの証拠があるのに、捜査の手が一向に伸びてこないことで、オウムは国家権力を甘く見て、増長した。オウムは国家の所業をなぞるかのように、銃・VXガス・サリンなどの武器や毒ガスを躊躇うことなく行使して殺人を犯した。「国家」の、陰惨な真似事に終わったオウムの経験は、あくまでも哀しい。国家＝オウムに共通する暴力性と権力志向を見抜くためにも、事態の正確な把握が必要なのだ。

※　「死刑映画週間」企画は、「死刑廃止国際条約の批准を求めるフォーラム90」が二〇一二年から始めた。死刑や刑罰に関わるテーマをもつすぐれた、あるいは興味深い映画八〜九作品を、東京・渋谷のミニシアターを会場に一週間にわたって上映するのである。上映権が切れていたり、配給会社がつぶれていたり、作品選定上の悩みは、回を追うごとに深まっている。だが、すぐれた映画は、思いがけない討論のとば口を用意してくれることもある。二〇一六年二月には、第五回目が開かれる。上映作品・スケジュールなど詳しい情報は、「死刑廃止チャンネル」http://www.forum90.net/ から。

※※　深作欣二監督、一九七二年。原作は結城昌治『軍旗はためく下に』（中央公論社、一九七〇年）。

東京大空襲報道から見てとるべき戦後社会の全景

（三月一四日記）

去る三月一〇日、米軍による東京大空襲の日から七〇年目を迎えた。例年より少しは関連報道が多いように思えた。六日浅草で開かれた、空襲被害者などの民間人の戦争被害問題の解決を求める集会で、一連のA・S政権の政策に危機感をおぼえて以来、本来の氏の保守的な立場を超えた発言の目立つ憲法学者の小林節が、集会実行副委員長として「いままでこの世界を知らず、人生観が変わるほどのショックを受けている」と語ったという報道(29)が目についた。その正直なもの言いに倣うと、私は私で、空襲による朝鮮人犠牲者を追悼する集いもあったという記事(30)の中で、一〇万人を超える犠牲者のうち朝鮮人は一万人以上だと「言われています」という『赤旗』の記述に衝撃を受けた。犠牲者の一割を朝鮮人が占めていたようだ、という推定に。『朝日新聞』は、東京の下町には軍需工場などで働く朝鮮人が多く住んでおり「空襲で相当数の人が亡くなったとされるが、人数ははっきりしていない」と記している。関東大震災とその後起きた、六〇〇〇人以上と「推定」される朝鮮人虐殺という恐るべき事態は、空襲の時点からふりかえると二三年前のことだ。日本近代史には、人為による死者、とりわけ異民族のそれの場合には、「おおよそ」とか「推定される」とかしか言えないような〈暗闇〉がある。そのことに私たち自身が無自覚であることで、私たちはいまなお、その場に留まり続けているのだと改めて思った。

私もスタッフとして参加している「死刑映画週間」※(例年、二月に開催)では、昨年に引き続き今年も『軍旗はためく下に』※※を上映した。戦没者名簿に載る夫の欄には、ニューギニア戦線で敵前逃亡した罪のゆえに処刑されたと記されており、したがって一九五二年に施行された戦没者遺族援護法の対象外であると厚生省に説明された妻が、夫の死の真相を求めて彼が属していた部隊の生存者を訪ね歩くうちに、事の真実が明かされるという物語である。戦争と戦場の恐るべき実態が明らかになる本筋もさることながら、物語の背景にある「全国戦没者追悼式」の開催と「戦没者遺族援護法」の制定という史実が、これまた〈暗闇〉の中にある戦後史の解明のために、深く示唆的であると私は思う。

敗戦国=日本の占領統治を始めることになる連合国軍最高司令官総司令部(GHQ)は、早くも一九四五年一一月二四日に、戦前の日本軍国主義

(29)『しんぶん赤旗』二〇一五年三月七日
(30)『朝日新聞』、『しんぶん赤旗』二〇一五年三月八日

を支えた基盤を断ち切る二つの措置を採用している。一つは「軍務に服した者に特権的補償を与える制度の廃止」であり、二つ目は「戦争利得の除去および国家財政の再編成」である。前者は、日清戦争、韓国義兵闘争への弾圧、日露戦争、韓国の植民地化を挟んで、第一次世界大戦、ロシア革命後のシベリア出兵など、明治維新以降の近代国家＝日本が「戦歴」を積み重ねていくうえで「お国のために戦った」軍人に報いる恩給制度の根を断つ布告である。後者は、軍需会社に関わる補助金・損失補償金・工場疎開費用などを国家負担する約束を反故にする措置である。ＧＨＱの指令は、それ自体として見れば冴えており、的確だと思われる。逆に言えば、延命できた日本の戦前体制の護持者——退位しなかった天皇とその周辺者、政治家、軍関係者、官僚たち——からすれば、近代国民国家には不可欠な「戦死者を殉国者として顕彰する」装置である軍事恩給制度を禁じられたのだから、その「口惜しさ」と「屈辱感」も一入だったと思われる。

戦後においても、戦争責任を追及されることなく支配体制の中軸に居座り続けた彼らは、果たせるかな、占領下にありながら、占領体制解除＝独立後の社会の準備を怠ることはなかった。一九五二年四月二八日サンフランシスコ講和条約公布の二日後の同三〇日に「戦傷病者戦没者遺族等援護法」が公布された。一回目の「全国戦没者追悼式」は、五日後の五月二日に実施された。戦争被害に関わる補償制度は、この段階で、旧軍人およびその遺族を特権的に遇し、民間人の被害は「受忍」させる原則が定められた。同時に「国籍による外国人の排除」も確定した。旧軍人であった本人と遺族に対する支給金は、五二年以降現在に至るまでに総額五四兆円となった。それは、明らかに、身内の死を〈金目によって癒す〉作用としてはたらいた。それは、自らの社会が総体として行なった植民地支配と侵略戦争に対する反省の契機を私たちから奪い去った、大きな理由の一つをなした。

東京大空襲をめぐる報道から、私たちはこのような戦後社会の全景を見て取るのである。

（二月七日記）

〈野蛮な〉斬首による死と〈文明的な〉無人機爆撃による死

前号では、フランスの風刺漫画新聞社襲撃事件に触れて、人類史には時に、「狂気」を孕む熱狂に支配されてしまう時期が訪れることがあることを語った。この衝撃的な事件から二週間も経たないうちに、イスラーム国による日本人人質殺害予告がインターネット上で行なわれ、その後の事態は、誰もが知るような経過をたどって現在に至っている。「二〇一五年一月」を、私たちは、いくつもの「狂気」によって織りなされた月として、永く記憶するだろう。

同時に、「狂気」は彼岸にのみあるのではない、という単純な事実を何度でも確認したい。今回の場合で言えば、在日のイスラーム信徒やヨルダンなどアラブ諸国のイスラーム世界の人びとが、大要「ほんとうのイスラームは、こんなものではない。真逆だ」と語る姿がよく報道された。それ自体は、必要な情報ではあった。だが、まだ、足りない。イスラーム国が、世界から貼り付けられた「悪のレッテル」を逆手にとって、自爆テロ・公開処刑・斬首などを行なっている〈残虐ぶり〉に目を覆うなら、同じ比重で、それと因果の関係にある米国主導の「反テロ戦争」を想起しなければならない。ブッシュ政権下のネオコンが実践した「衝撃と畏怖」作戦※が、世界をどこまで壊し、人心をどれほど荒廃させたかを思い起こすことなく、現在の事態を捉えることはできない。〈野蛮な〉斬首による死と、〈文明的な〉無人機爆撃による死との間に、垣根を設けてはならない。

※　二〇〇三年三月、イラクに対する一方的な攻撃を開始するにあたって、米英連合軍は作戦のコードネームを“Operation Shock and Awe”（「衝撃と畏怖作戦」）と名づけた。これに先立つ二〇〇一年一〇月の対アフガニスタン攻撃には“Operation Enduring Freedom – Afghanistan”（「アフガニスタンにおける不朽の自由作戦」）と名づけた。命名者の自己陶酔と驕りが透けて見えるようだ。

※※　フローリアン・ガレンベルガー監督、独中仏合作、二〇〇九年。この映画は、自主上映形式で、次第に上映の機会が増えている。上映予定など情報は以下から。http://johnrabe.jp/

私は、今回の事態の渦中に、映画『ジョン・ラーベ――南京のシンドラー』※※を観たこともあって、この作品に描かれていることをすべて史実として捉える立場には立たないにしても、あの戦争の過程で発揮された日本兵の〈残虐ぶり〉をあらためて思わないではいられなかった。〈残虐さ〉は、特定の国家や民族に根差して現われるものではなく、ある時期の政治的為政者とその時代に支配的な社会的雰囲気によっては、どの国家においても、どの民族においても、立ち現れてしまう〈狂気〉の一発現形態なのだという思いを深くした。

イスラーム国が、捕虜・人質の生死を自在に操って恐怖を振りまいているとの評言も目立つが、戦争を戦っているどの国家・どの民族といえども、〈敵〉を欺くために謀略をめぐらせ情報戦も仕掛けて騙し討ちし、これに恐怖を与える作戦をことさらに展開し、国内の民衆の口も残忍な手口で封じこめるものだ――という一例を、哀しいかな、ふたたび目撃しつつある、と私なら考えるだろう。

総じて、「テロ」と「戦争」には因果の相関関係があり、〈残虐性〉を特定の民族・国家に固有な属性としてはならないとするこの考え方は、冷静な分析と議論を欠く状況下では、「テロリストに加担するのか」という反応を招きやすい。たとえば、この国の首相A・Sは、人質が存在している只中に行なわれた自らの中東訪問とそこでの演説内容の妥当性を国会での質疑で問われて、「イスラーム国を批判してはならないのか。それはまさにテロに屈することになる」と気色ばんで答えている。そして今回の事態を奇貨に、武官と日本人施設の警備員増員、在外邦人救出のための自衛隊の駆けつけ警護と武器使用の可能性にすぐさま言及するような発言を行なっている。平和のために「積極的に」努力するのではなく、「戦時」を想定すると勢いづく彼の本性が、隠しようもなく現われている。だが、その言動のすべてを「軍事」一色で塗りこめてしまうわけにもいかない。その点で、イスラーム政治思想史研究者・池内恵の「『イスラーム国』は日本の支援が『非軍事的』であることを明確に認識している」と題する文章[31]は示唆的だった。私は、池内が、首相の今回の中東歴訪が従来の対中東政策の変更をもたらしたものではないと断言したり、「イスラエル訪問がテロをもたらした」とする考え方は無自覚的な「村八分」感覚で、反ユダヤ主義だと言ったりするの[32]は、大いなる錯誤だと思う。何を意図しての「政治的なふるまい」なのか、と疑念も抱く。「反テロ戦争」以降の「国策」に無批判などころか、これを無限肯定する姿勢も、従来から批判してきた。だが、このすぐれている（と私が思う）

専門研究者が、ファクト（事実）に即して行なう分析のすべてに目を塞ぐわけにもいかない。そこに、私たちの論議の弱点が浮かび上がることもある、と大急ぎで言っておきたい。

（一月一〇日記）

「戦争」と「テロ」を差別化する論理が覆い隠す本質

宗教上の信仰が、ある種の「狂気」を帯びて表現されることがあることは、歴史上たびたび見られることである。スペイン女王の資金援助で行われたコロンブスの大航海に始まる「征服」は、キリスト教を錦の御旗に立てて行なわれたが、それがどれほどの残忍な先住民の虐殺と奴隷化を伴っていたかは、よく知られている。いきなり現代に跳んで、オウム真理教に集う一部の人びとが確信をもって行なったいくつもの殺人行為も挙げることができる。最近でいえば、「イスラム国」なりイスラム教徒が絡んでいると伝えられる「テロリズム」行為が頻繁に起こっている。若いころをふりかえれば、それが宗教的な局面に限らずとも、我が身のことでもあったと思う人は少

（31）池内恵のウェブサイト『中東・イスラーム学の風姿花伝』（http://ikeuchisatoshi.com）、二〇一五年二月三日付
（32）同前、二〇一五年一月二〇日付

なからずいるだろうが、自らが信奉する理念に過剰な意味付与をして、自分の客観的な姿を見失い、その道をまっすぐに突き進む人びとは、絶えることはないのである。

去る一月七日パリで起きたばかりの新聞社襲撃事件も、むごい事件ではあった。事態の真相は今後の解明を待つしかないが、一二人の中に風刺漫画家のシャルブことステファヌ・シャルボニエが含まれていることに、小さくはない衝撃を受けた。フランスのLCR（革命的共産主義者同盟）の創始者のひとりで、NPA（反資本主義新党）の創立にも参加したダニエル・ベンサイド（一九四六〜二〇一〇年）に、ひたすら護教的であることの制約から解放された、いかにも現代的なマルクス入門書『マルクス〔取扱説明書〕』[33]がある。シャルブはこの書に、幾枚もの挿絵を寄せているが、その絵は、翻訳者もいうように「諧謔に満ちた痛烈な」もので、描き手が柔軟な精神の持ち主であることを思わせる。今回新聞社を襲撃した者たちは「預言者（ムハンマド）の復讐だ」と叫んだと伝えられているが、シャルブおよび週刊紙『シャルリー・エブド』がこれまでムハンマドを（というよりは、風刺画としては、ムハンマドを護教的に崇拝する者たちの在り方をこそ描いていたのではないか、と推測するのだが）どのように描いてきたのか、その「風刺性」がどんな水準で成立していたのか、大いなる関心を掻き立てられる。

今回の報道を見ながら、もうひとつ指摘しなければならないことがある。フランスのオランド大統領を含めて、口をきわめて「テロを非難」する各国の政治家たちの言動とメディアの報道の在り方に関して、である。「イスラム国」の現実やイスラムを標榜して行なわれている「テロリズム」が、仮にどんな非難に値するものであったとしても、それらが生まれてきた背景には、時間的に短く見ても、二〇〇一年の「9・11」事件以降、米国が主体となりＮＡＴＯ（北大西洋条約機構）加盟の各国などが加担してきたアフガニスタンおよびイラクにおける「反テロ戦争」があることに疑いはない。それが、どんな虚構に満ちた「戦争の論理」であるかということを、私たちは当初から批判してきた。この政策を推進した前ブッシュ政権で国防長官を務めたラムズフェルドも、国務副長官であったアーミテージも、今になって「歴史や文化が違う他国に、自分の国の統治システムを強いることができるとは思わない」とか「イラク侵攻は最悪の誤り」などと語っている。(34)

彼らの常套手段は、国家が発動する「戦争」と個人か小集団が行なう「テロ」の間に万里の長城を築いて、差別化を図ることである。国家が行なう行為である以上、彼らの考えでは、「戦争」は非難を免れ得る。逆に「テロ」は

(33) 湯川順夫、中村富美子、星野秀明訳、つげ書房新社、二〇一三年

(34) 『毎日新聞』二〇一四年一二月三〇日

国家という正統なるものを背後にもたないがゆえに、無条件に非難の対象となるのである。「戦争」とは「国家テロ」にほかならないのではないか、という疑念が彼らの頭の片隅をよぎることすらない。

昨今、オバマ大統領は、パキスタン、イエメン、アフガニスタン、イラク、イスラム国などで無人機爆撃を展開しているが、※その結果地上にどんな惨劇が生じているかが、せめて今回のパリ事件のように大きく報道されるならば、「戦争」と「テロ」が相関関係にある現実が、人びとにくっきりと印象づけられるだろう。今回のパリの死者の場合、私が触れたシャルブのように一二人のうち少なくとも五人の風刺漫画家は、写真とともに名前が明示された。アラブ世界のどこかできょうも、米国の無人機からの爆撃を受けて死んでゆく人びとの場合は、名前どころか死者の正確な数が報道されることすら稀だ。この「非対称性」こそが、問題の根源にあることを忘れるわけにはいかない。

※ 米国は自国兵士が殺されることを避けるために無人機攻撃を採用し始めたが、これについては深刻な問題点が指摘されている。二〇一五年三月、米国誌『ネーション』電子版は、次のように報じた――米空軍が必要としている無人機操縦士は一七〇〇人程度だが一〇〇〇人を下回る数しか、いない。毎年訓練を受けて補充される兵士は一八〇人程度だが、他方で毎年二四〇人の操縦士が離職している。戦闘現場にはいないものの、操縦士は、攻撃を受けた人びとの遺体や凄惨な負傷状況をスクリーンを通して見ることで、心的外傷後ストレス障害を病むからである。さらに、一〇月一五日、米国のインターネット・メディア『インターセプト』は、情報機関の匿名の情報源から得たデータに基づけば、二〇一一～一三年に米軍がアフガニスタン、イエメン、ソマリアで行なった無人機攻撃で殺された人の九割は、彼らが「標的」と定めた人とは別人であった、と報道した。

Ⅱ　二〇一四年

朝鮮通信使を縁にして集う人びと

（一二月六日記）

雨森芳洲の『交隣提醒』[35]を読んでいたせいもあって、今年こそは、例年一一月に埼玉県川越市で開かれる「多文化共生・国際交流パレード／川越唐人揃い」へ行ってみたかった。由来をたどると、江戸時代の川越氷川祭礼では、朝鮮通信使の仮装行列が「唐人揃い」と呼ばれて、大人気の練り物だったという。「唐」は「中国」を指す呼称ではなく、外国を意味する言葉として使われていたようだ。

秀吉による朝鮮侵略（いわゆる文禄・慶長の役、一五九二・九八年）の後、徳川家康と朝鮮王国との間で「戦後処理」が成り、一六〇七年から一八一一年まで一二回にわたって、友好親善の証しとして朝鮮通信使が招かれた。「通信」とは「よしみ（信）を通わす」の意である。雨森芳洲がいた対馬藩は対朝鮮外交の任に当たっていたから、多くの場合四、五〇〇人から成る通

二〇一五年一一月八日付『毎日新聞』は、無人機爆撃で祖母を殺され、自らも負傷し、故郷も追われたパキスタンの一少女を取り上げた。イスラーム「過激派」に銃撃され重傷を負ったマララ・ユスフザイは、英国に緊急移送され一命をとりとめ、そのまま英国に留学して以降、欧米メディアが大々的にその姿を報道した。ホワイトハウスで米大統領に会見したり、ノーベル平和賞を受賞したりもした。そのたびごとに、彼女に悲痛な運命を強いているイスラーム「過激派」に対する非難の言葉が世界に浸みわたっていく。他方、米無人機によって同じような運命を強いられている同じ国の少女に対する関心は低い。それは、攻撃したのが誰であるかによって、寄せる関心が極端に上下する国際社会とメディアのあり方を重く問いかける記事となった。

(35) 平凡社（東洋文庫）、二〇一四年

信使一行はまず対馬に立ち寄り、そこから瀬戸内海を抜けて大阪までは海路を行く。そこから江戸までは陸路だが、護行する者や荷物を運ぶ者を加えると四〇〇〇人以上の大移動になったというから、旅の途上で宿泊することになったそれぞれの土地に住まう町衆の興奮ぶりが目に浮かぶようだ。江戸にも店を持つ川越の一豪商が、或る日、日本橋を通った通信使一行の華やかな行列に目を奪われ、郷里の町民にもその感動を伝えたいと考えて、地元の祭りの機会に乗じた仮装行列を思いついたそうだ。通信使が川越を通ったことは一度もないというのに、金持ちの道楽がその後の民際交流の素地をこの土地につくり出したのだから、おもしろいものだ。

川越では、二〇〇五年の「日韓友情年」を契機に、この江戸時代の「唐人揃い」を「多文化共生・国際交流パレード」として復活させ、今年は一〇回目を迎えた。パレードの前日には、「朝鮮通信使ゆかりのまち全国交流会・川越大会」も開かれた。通信使ゆかりの一六自治体と四一の民間団体は一九九五年に「朝鮮通信使縁地連絡協議会」を発足させ、毎年持ち回りで全国交流会を続けている。それが今年は川越で開かれたのだが、関東地域では初めての開催だったそうだ。

私は、対馬を初めとして主として九州・四国・中国・関西地域はもとより、韓国からの参加者の話を聞きながら、民際交流のひとつの具体的な成果を実感した。地域に住む人びとのなかに、このような催し物の積み重ねを通して浸透してゆく、開かれた国際感覚を感じ取った。対馬では、韓国人が盗んで持ち帰った仏像が返却されない問題で、名物行事の通信使行列が中止になったり、「何が通信使か」という誹謗中傷が島外から浴びせかけられたりする事態が起こっているが、それでも韓国の友好団体との交流は続けるべきだと語る「朝鮮通信使縁地連絡協議会理事長」松原一征氏の言葉(36)を読んで、雨森芳洲の精神が対馬には生き続けていると思った。氏は、福岡と対馬を結ぶフェリーを運航している海運会社の経営者だという。

集いを司会したのは地元・川越の女性だったが、次のように語った――「外国」のものを楽しげに受け入れる、江戸以来の伝統が川越の町には根づき、一九二三年の関東大震災の時にも、朝鮮人虐殺が行なわれた他の関東各地と違って、川越にいた朝鮮人一八人と中国人二人は町民と警察に保護されて無事だった、と。翌日のパレードには二〇以上の団体が、さまざまな衣装・言語・歌・踊り・パフォーマンスで参加し、その多様性は十分に楽しめるものだった。

思うに、映画・演劇・音楽・美術などの文化分野では、国境を超えた共

(36)『毎日新聞』二〇一四年一〇月八日

同作業がごく自然なこととして行なわれて始めて、久しい。朝鮮通信使を媒介にした日韓および日本国内の草の根の交流も、その確かなひとつだろう。

中央の極右政権が行なっている排外主義的ナショナリズムに純化した外交路線を批判しつつ、それと対極にある各地の理論と行動に注目したい。もちろん、自分自身がその実践者でもあり続けたい。

※　エンツェンスベルガーの論文は「ラス・カサス　あるいは未来への回顧」といい、現代企画室版『インディアス破壊を弾劾する簡略なる陳述』に、田中克彦訳で収められている。

（一一月八日記）

四、五世紀の時間を越えて語りかけてくる、小さな本

現在のように、あまりに虚偽に満ちた言説が大手を振って罷り通る時代には、これを批判するためには目を背けたくなる言動とも付き合わなければならない。「慰安婦」問題はその最たるものだ。だが、それだけでは心が塞がれる。いしいひさいちの『存在と無知』『フラダンスの犬』『老人と梅』『麦と変態』『垢と風呂』（挙げていくと、きりがない）などの漫画本で気を晴らしたりもするが、気晴らしではない小さな文庫本を幾冊も手元に置いて、落ち着いて読みたくなる。そのうちの数冊からは、拾い読みでも、こ

の耐え難い「現在」を生き抜くうえでの智慧と力を与えられる。歴史の見通し方を教えられる。いずれも幾世紀も前に書かれ、本文だけなら文庫本で一〇〇頁にも満たないか、せいぜい二〇〇頁程度の小さな書物だ。誰でもそんな本をお持ちだろうが、最近の私の場合について書いてみる。

一冊目は、今までも何回も触れてきた書だが、スペインのカトリック僧、ラス・カサス（一四八四〜一五六六）の『インディアスの破壊についての簡潔な報告』(37)（一五五二年刊）である。彼はコロンブスの米大陸到達後に行なわれ始めた「征服」の事業に参加し、その功績で先住民の「分配」にも与かった人物だが、やがて同胞が行なう先住民虐殺や奴隷化の実態に気づき、先住民が強いられている悲惨きわまりない状況を目撃することで、「征服」の批判と告発に晩年を捧げた。ヨーロッパの植民地主義を内部から批判した古典的な書物である。一九六〇年代、米軍がベトナムで繰り広げる虐殺を見ながら、ドイツの作家、エンツェンスベルガーはラス・カサスのこの書を想起した。※私たちも刊行から四六〇年近くを経たいま、アフガニスタンやイラク、そして無人爆撃機による攻撃に晒される土地と人びとの現実と二重写しにしながら本書を読むことができる。強者にとっては、昔も今も「植民地は美味しい」のだ。

(37) 邦訳に『インディアス破壊についての簡潔な報告』染田秀藤訳、岩波文庫、一九七六年と『インディアス破壊を弾劾する簡略なる陳述』石原保徳訳、現代企画室、一九八七年がある。

二冊目は、フランスの思想家、エティエンヌ・ド・ラ・ボエシ（一五三〇〜六三）の『自発的隷従論』[38]（執筆は一五四六年あるいは四八年と推定）である。モンテーニュの友人として知られるラ・ボエシは、一六歳か一八歳のころの著作と言われる本書で、いつ、どこの世にも圧政がはびこるのに、その下で生きる人びとが忍従に甘んじているのかなぜか、と問い、人間の集団的心理がもたらす倒錯をするどく考察する。これまた、現代日本社会を活写しているかのような生々しい印象を受ける。翻訳版で特筆すべきは、ラ・ボエシの著作に深い示唆を受けていた思想家、シモーヌ・ヴェイユと、南米パラグアイの先住民族社会の在り方を深く研究した政治人類学者、ピエール・クラストル※の掌編が収められていることである。いずれも三〇歳代の若さで生涯を終えた三人の論考の前に頭を垂れる。

三冊目は、対馬藩で対朝鮮外交に携わった雨森芳洲（一六六八〜一七五五）の『交隣提醒』[39]（執筆は一七二八年と推定）である。私は先年、芳洲の故郷＝琵琶湖北東岸の町・高月で記念館を訪れた時に、私家版で出ていた本書を入手し読んでいたが、平凡社版は「解読編（読み下し文）」「原文編」及び長文の「解説」から成っていて、読み応えがある。二度にわたる秀吉の朝鮮侵略の傷跡深い一七世紀から一八世紀にかけて、対朝鮮外交（＝交隣）の先

※　クラストルの主要な著作は『国家に抗する社会』（渡辺公三訳、水声社、一九八九年）、『暴力の考古学』（毬藻充訳、現代企画室、二〇〇三年）、『グアヤキ年代記』（毬藻充訳、現代企画室、二〇〇七年）などの邦訳がある。また、『大いなる語り』（毬藻充訳、松籟社、一九九七年）は「グアラニーの神話と聖歌」についての著作で、私は刊行直後の一九九七年四月に書評をしている（『日本ナショナリズム解体新書』現代企画室、二〇〇〇年に収録）。

頭に立った芳洲が、どんな考えに基づいて何を行なったか、が明らかにされている。芳洲の考えの真髄は、「誠信と申し候は実意と申す事にて、互に欺かず争わず、真実を以て交わり候を誠信とは申し候」とする点にある。日朝ともに、ことさらに相手側の非を鳴らすことなく、互いの実態をよく知ったうえで交わるべきだとの論理だが、主観的な国内向けの論理を振り回すのではなく、客観的な国際常識に則った行動をと訴える主要な相手は、もちろん、藩主であり対馬藩全体の人びとだ。朝鮮通信使の受け入れをめぐって起こる困難な事態にもいくつも触れている。秀吉の戦役の際に切り取った朝鮮人の耳鼻を収めた耳塚を「日本の武威を示す」ために通信使に見せようとする役人を厳しく批判する。現在、対韓・対朝外交に当たる者にこの識見あらば！　とつくづく思う。

　重厚な大著にも大河小説にも、もちろん、よいものはあるが、掌編と言うべきこの三冊の小さな文庫本に漲る歴史意識・論理・倫理に、目を瞠る。

(38) 邦訳は前掲、注（6）参照。
(39) 前掲、注（35）参照。

「慰安婦」問題を語る歴史的射程（その1）

（九月六日記）

八月五日～六日付けの朝日新聞が、いわゆる「慰安婦」問題に関する三二年前の記事に過ちがあったことを認め、これを取り消したことから、右派の政治家、メディア、口舌の煽動家たちが沸き立っている。大仰な「嫌韓・反中」報道で民衆を悪煽動することが習慣化している一部週刊誌編集部が言うように、この種の記事を載せると「売れる」のだから止められない、という時勢の只中での出来事である。

一部の連中から「サヨク」とか「進歩派」と呼ばれる朝日新聞の中にも、きわめて従順な体制派の記者もデスクも編集委員もいるだろう。同じように、〈非〉あるいは〈反〉の志を個人としては持つ人間の中にも、焦りなのか未熟なのか功名心なのか、はたまた素質的に適任者ではないのか、その個人的な思いのままに突っ走り、事実の裏づけに乏しい記事を書いてしまう記者も、稀にはいるのである。それは、どの人間世界にあってもあり得るような、自然の理《ことわり》と言うべきことがらである。

「済州島で慰安婦を強制連行した」ことを自らの体験として語った元山口県労務報国会下関支部動員部長・吉田清治の「証言」を朝日新聞が取り上

げたのは、一九八二年九月二日付け大阪本社版においてであった。この「証言」に関しては、済州新聞の現地記者が追跡調査を行なった結果、それが事実無根であることを一九八九年八月一四日付け同紙で報道し、日本では一九九二年四月三〇日付け産経新聞が歴史家・秦郁彦の調査に基づいて、吉田証言＝虚偽説を提起した。だが、秦説の説得力がメディア全体に浸透するには時間がかかり、その後もなおしばらくの間は、産経、毎日、読売の各紙とも吉田証言に一定の重要性を認めて報道していたことは、想起しておくべきだろう。朝日新聞は一九九七年三月三一日付けで「慰安婦」問題特集を行なっているが、その段階では、吉田証言を根拠に「慰安婦強制連行」説を主張する言説は、どこにあっても、ほぼ消えている。すでに信憑性を失っていたのである。吉田清治が「慰安婦強制連行」の証言者として初めて登場してから一五年の間、確かにその証言はさまざまな波紋を投げかけてきたわけだが、証言の「売り込み」を掛けられたジャーナリストの中には、当初からその信憑性を疑った者もいた。したがって、事実に迫り得るかどうか——八二年に「スクープ」をした朝日新聞の記者も含めて、ジャーナリストは例外なく、確かに篩にかけられたのである。

八二年の朝日新聞大阪本社版の記事取り消しは、九七年のこの段階で行なわれるべきであった。九一年には、元「慰安婦」金学順さんが被害者として名乗り出て、日本国家の謝罪と賠償を求めて提訴していた。国内情勢としては戦後史を長く支配した軍事独裁体制から解放されて発言の自由を獲得し、国際的には最大矛盾であった東西冷戦構造が崩壊して個々の国が抱える内部矛盾が顕わになった状況の中で、ようやくにして被害当事者が発言を始めたのだ。それが、何よりも「慰安婦」が制度として存在したことを明かしており、その証言を通して国家犯罪の実態が暴かれようとしていた。

右派メディアと極右政治家はいきり立った。左翼は――と、彼らは言った――九一年にソ連が崩壊して社会主義の夢が消えたと思ったら、今度は植民地の元娼婦を持ち出してきて、反日策動を試みている、と。公娼制度が存在した時代状況の中で、彼女たちは商売としてそれに従事しただけだ、金を稼いだではないか、と。植民地下にあったのだから、日本国民である彼女たちを使っただけだ、と。

こうして、「慰安婦」問題に関わる論議は九七年段階で、国家責任を「追及」する側も、「防御」にまわる側も、すでにして吉田証言にはまったく依拠することなく、沸騰していたのである。その意味では、朝日新聞の今回の措置はあまりに遅きに失した。しかも、極右政権下で問題の「見直し」が叫ばれている時期であるという意味では、あまりにもまずいタイミングであったと言わなければならない。このことは、だが、次の事実をも物語っている。「慰安婦」問題の本質は、連行の様態それ自体に「強制性」があったか否かではないこと、制度それ自体が孕む問題の根源へと批判的分析の眼を向けるべきこと。これ、である。今は元気溌剌にふるまっている首相A・Sや右派メディアが、本来なら躓いているはずなのは、ここである。

（一〇月四日記）

「慰安婦」問題を語る歴史的射程（その2）

「本来なら躓いているはず」の首相A・Sらが、まるで論理的な傷を負っていないかのようにふるまうのは、素知らぬ顔で論議の次元をズラしているからである。そのズラしは、意図的に行なわれている。なにしろ、彼は「侵略という定義については、これは学界的にも国際的にも定まっていないと言ってもいいんだろうと思うわけでございますし、それは国と国との関係において、どちら側から見るかということにおいて違うわけでございます」[40]と公言するような人物である。アジア太平洋戦争が日本のアジア侵略から始まったという、隠しようもない本質をごまかし、戦争から「加害・被害」の性格を消し去ること。彼の本意はそこにこそある。うぉーっという怒りの声が、国の内外から挙がっても当然な、恥知らずな言動である。恬として恥じずにそれを繰り返す人物が生き延びているのは、「内」からの批判・抗議・抵抗の声が小さいがゆえに、である。彼はこの国内的な状況を利用して、戦時下のもろもろの問題について述べるときにも、戦争をめぐるこの大枠の捉え方を壊すことなく、展開する。

この立場を「慰安婦」問題に応用するときにはどうするか。植民地の女性を「慰安婦」として働かせるにあたっての「強制性」をめぐる論議に、意味をなさない「狭義・広義」という分断線を持ち込むことである。首相A・Sは、第一次政権時に次のように語っている。「官憲が家に押し入って人さらいのごとく連れて行くという強制性、狭義の強制性を裏付ける証言はなかった」[41]。問題の核心はすでに、「長期に、かつ広範な地域に設置された慰安所は、当時の軍当局の要請によって設営され、その設置、管理及び慰安婦の移送については、旧日本軍が直接あるいは間接にこれに関与[42]」したことの「強制性」にこそ置かれていた。問われれば、彼は答えるであろう、「広義の強制性があったことを否定したことは一度もありません」と。だが、それは「侵略を否定したことは一度もありません」との発言と同じく、問われなければ触れることもない、付け足しの物言いでしかない。彼は土俵を常に、自分に有利な場所に勝手に設置するのである。自分の見解が客観性を保つことに、彼は関心を持たない。彼が固執する論点を移動させなければならないからである。不利な場所に自らを置くことになるからである。

党首に返り咲いた五年後にも、次のように語っている。「そもそも、朝日新聞の誤報による、吉田清治という、まぁ詐欺師のような男が作った本がまるで事実かのように、これは日本中に伝わっていった事でこの問題がどんどん大きくなっていきました」[43]。二〇一二年の段階でなお、この人物は、朝日新聞の「誤報」を頼りに、この問題についての発言をしていた、否、次のように言うべきだろう、この問題について発言するときには、唯一この観点でしか物を言っていない、と。当該の問題に関する研究・調査が、どこまで深化し進展しているかにも、彼は関心を持たないことを、この事実は示している。産経新聞と（最近では）読売新聞を日々の教科書にしている彼からすれば、旧来の図式をなぞるように発言する材料に事欠くことはないからである。

(40) 参議院予算委員会、二〇一三年四月二三日
(41) 参議院予算委員会、二〇〇七年三月五日
(42) 一九九三年の「河野談話」から要約抜粋
(43) 日本記者クラブ主催党首討論会、二〇一二年一一月三〇日

朝日新聞の紙面と、ＥＴＶ特集「戦争をどう裁くか」で戦時性暴力を取り上げようとした二〇〇一年までのＮＨＫの一部番組には、「慰安婦」問題をめぐる動きを、「内」（＝加害）と「外」（＝被害者側の視点、および世界的な人権意識の深化）の複眼で捉えようとする試みがあった。自国の近代史から侵略の史実を消し去るために「内」に籠ろうとする意識が、そこでは揺さぶられる。一九九七年に『歴史教科書への疑問』を刊行した「若手議員の会」の主軸メンバーであったＡ・Ｓは、まず二〇〇一年にＮＨＫに圧力をかけて右の番組を改変させた。その延長上に、権力の前に全面的に屈した一三年後の現在のＮＨＫの姿がある。朝日新聞は、このＮＨＫ番組へ圧力をかけた政治家の名をＡ・Ｓの名入りで他のメディアに先駆けて報じたことでも、彼にとっては「許すべからざる」新聞である。こうして、現在の朝日バッシングの陰には、明らかに首相官邸の姿が見え隠れしている。

来年は日本の敗戦から七〇年目の節目を迎える。七〇年を経てもなお、戦時下の「記憶」をめぐるたたかいを、卑小な「敵」を相手に続けなければならないとは、情けなくも徒労感を覚える。人間がつくり上げている社会の論理と倫理、歴史意識とは、古今東西この程度のものが大勢を占めてきたという実感に基づいて、歩み続けるほかはない。

政府・財界が一体化して進める軍需産業振興の道

（八月二二日記）

ふだんはまったく関心をもつこともない『週刊ダイヤモンド』の表紙の大見出しに目を奪われた。六月二一日号の「自衛隊と軍事ビジネスの秘密」である。読んでみると、経済合理性の観点から問題を捉える記事が多く、時勢に対する批判的な分析がなされているわけではない。それだけに、現状分析としては手堅いのかもしれぬ。この数年をふり返って見ても、『週刊エコノミスト』や『週刊東洋経済』が時折見せる、力のこもった特集記事は、マスメディアがほとんど触れなくなった、この社会の深部で密かに進行する事態を調査報道していて、大いに参考になる。こころして注目したいと思う。

『ダイヤモンド』誌に触発されて、この間の顕著な動きを整理しておきたい。現政権は四月一日、武器の輸出を原則禁止してきた「武器輸出三原則」を廃止し、それを原則解禁する「防衛整備移転三原則」なるものを決定した。

六月一〇日、産業競争力会議に出席した財務相・麻生太郎は、某ベンチャー企業の技術が軍事技術に繋がることを理由に東大が協力しなかったために、同企業がグーグルに買収された事例に触れて、「このような問題が今回改革されるとのことで、期待している」と語ると、六月一九日には防衛省が「防衛生産・技術基盤戦略」(新戦略)を決定し、国内軍需産業の強化・支援方針を打ち出した。これまでの武器の「国産化方針」に代えて国際共同開発と輸出を基本指針とすることで、「乗り遅れ」「米国などに大きく劣後する状況」にあった日本の軍需産業の「維持・強化」が可能になると寿いだのである。

時制は前後するが、五月下旬アジア太平洋地域の各国国防相がシンガポールに集まったシャングリラ会議では、解禁される日本製の高性能武器に対する関心が高まったという。加えて六月中旬にパリで開かれた陸上兵器の国際展示会「ユーロサトリ」には、三菱重工業、川崎重工業、日立製作所、東芝などの日本企業一三社が出展した。

首相A・Sは世界各国に次々と外遊しているが、その際には常に、経団連会長を含めた大規模な経済ミッションを引き連れていることにも注目しておきたい。七月のオーストラリア訪問に際して合意に至った「防衛整備品及び技術の移転に関する協定」に見られるように、どの国とも「防衛協力の強化」が謳われている。同行している経済ミッションの主流をなしているのは、いままで自衛隊の装備品の生産を担うことで防衛調達上位二〇社に入ったことのある軍需メーカーである。その幾社かは、政府が進める原発輸出を歓迎している原発メーカーとも重なり合っている。

武器輸出解禁は、政府開発援助（ＯＤＡ）の領域にまで及ぼうとしている。経団連はＯＤＡ見直し論を主導しているが、その論理は「民生目的、災害救助等の非軍事目的の支援であれば、軍が関係しているがゆえに一律に排除すべきではない」というものである。そこでは「テロ対策、シーレーン防衛、サイバーセキュリティ」などを「国際公共財」と呼んで、それへの参画を提唱している。それは、まぎれもなく、ＯＤＡその他の公的資金の軍用活用をめざすものであろう。『ダイヤモンド』誌が、自衛隊将官の天下り先トップの一〇社が防衛大手と完全に一致していることを暴露している事実にも注目したい。

「金のなる木」＝軍需産業の「魅力」は、兼ね備えた論理と倫理において日本の現首相とは雲泥の差のある、非凡なる政治家のこころも捉えて離さない。一九九四年、アパルトヘイト廃絶後の南アフリカの大統領に就任して間もないネルソン・マンデラは、国連による対南ア武器禁輸が解除された事実に触れて、南ア軍需産業は「もはや秘密の幕に隠れて行動する必要はなくなり、国内外の完全な合法性を得るだろう」と語った。七万人の雇用を生み出している国有兵器公社アームスコールが、「平和と安全に貢献する武器輸出」を保証する自主技術を開発したことを称賛したのである。マンデラですらが、国を率いる政治家としてはこの陥穽に陥ったことを思えば、人類がたどるべき「武器よさらば」の道が、いかに長く厳しいそれであるか、ということがわかる。それだけに、それぞれの時代を生きる人間に、その時代の諸条件に制約されながらも、「軍需と軍隊」の論理から抜け出る努力が要請されるのである。

（七月五日記）

※ それはのちに、『日本ナショナリズム解体新書――発言1996―2000』（現代企画室、二〇〇〇年）としてまとめられた。この期間内には、在ペルー日本大使公邸占拠・人質事件を契機に「反テロ」の大合唱がおこり、日米防衛協力のための新ガイドラインが定められ、そして右派の言論活動が活発化したというように、状況的には、二〇一五年現在の私たちが直面しているそれの、前触れ的なものが孕まれていた、と思える。

「自発的服従」の雰囲気の中で

新聞を読むのが怖くて、見たくないものを見るように、そうっと開く。「集団的自衛権の行使容認を閣議決定する」動きに抗議するために人びとが詰めかけた首相官邸前で、久しぶりに会った友が、そう言った。この一年間くらいか、私も同じ気持ちで日々を送ってきたし、親しい友人・知人の口から同じ台詞を聞いていたこともあって、一も二もなく共感した。新聞を丹念に読む習慣と熱意が薄れた。論理なき／倫理なき政治家の言動に、目も潰れる思いがするからだ。社会の基層に、これに対する抵抗力・批判力があるなら、まだしも、よい。それもまた儚いものであることが、メディアの在り方からも、社会の雰囲気からも察知できる。私たちは、そんな奇妙で、不気味な時代を生きている。

一九九〇年代、私は『正論』や『諸君！』の誌面を占領していた右派言論を読んでは、これを批判する課題を自分に課した。※ 右派言論は、ソ連型社会主義の敗北に乗じて、舞い上がっていた。彼らは、人類史がたどってきた歴史過程それ自体の内省的なふり返りを拒絶し、「勝利した」と彼らが豪語する資本主義が生み出している諸矛盾に対しても、目を瞑った。とはいうものの、私は同時に、広い意味で「社会主義的未来に加担してきた者」が、その敗北と向き合い、その克服のために努力しなければ、この困難な状況を突破することはできないことも、確信していた。誌面には、ほら、あいつは棄教して総括もしないまま逃げ去った、こっちの奴は失語症に陥っている、との揶揄が溢れた。元左翼が沈黙する間隙をぬって、自らの国が行なった近隣諸国に対する植民地支配と侵略戦争の史実を微塵も反省しない、かえって、そこに居直り正当化する議論ばかりが展開されていた。

当時その声は確かに大きくなりつつはあったが、まだ社会の片隅だけで語られていた。いまや、多様な変形が凝らされているとはいえ、その声は首相A・Sの声に重なり、各閣僚たちの声にも、政権党員はもとより多数の野党党員の声にも重なる。鶴橋や新大久保の街を震わす声も、その一亜種である。少なくないメディアも、その種の声に占領されている。その点が二〇年前との決定的な差である。

小泉政権時代に何度も書いたが、論理も倫理も媒介していない議論が横行すると、ひとは疲れる。小泉純一郎はその先駆をなした。それでいて、大衆的な「人気」はあった。多くの人びとがその道を選んだのである。現首相A・Sの場合もそうである。官邸前で会った友や私が罹っている「(新聞やテレビを)見聞きしたくない」病は、その疲れのせいだと思われる。理性は、別な道を歩めと囁くが、そんなものやってられるかという感情が勝る。街にあふれ出て「マルスの歌」を高唱する者たちには、当然にも、目を覆い耳を塞ぎたくなるのだ。

こころに鞭打って、「集団的自衛権の行使を容認する閣議決定」全文と首相の会見要旨を読む。紙面の一頁を覆い尽くしている。突っ込みどころは、あちらこちらにある。すでに多くの人びとがそれぞれに的確な批判をしている。だが、〈対話〉や〈討論〉の意味も知らず、論理も倫理も持たない人間だからこそ、A・Sはあの空虚な言葉を羅列することができた。恬として恥じることもなく。だから、どんな批判も通じることはない。

せめて〈討論〉に持ち込めるなら、A・Sの論理的な破綻はすぐに露呈する。議会がしかるべき野党を欠くことで〈討論〉の機能を失っていることは重大な欠陥だが、今後国会に提出される自衛隊法や周辺事態法などの「改正」案の討議の過程で、あるいは質問時間が極端に制限された記者会見の場で、A・Sの発する言葉がどんな事態を招き得るか——その可能性をあらかじめ放棄することもない。彼は自分のこの「欠如」を自覚しているからこそ、〈討論〉を避けるのだから。

正直な気持ちを言えば、小泉政権の時代もそうだったが、こんな水準の首相を相手に物言うことは虚しい。なぜか、こちらが恥ずかしくなってしまいさえする。だが、いまこの社会を支配するのは、このような大嘘を弄ぶ人間に対して「自発的に服従」（ラ・ボエシ）するかのような社会的な雰囲気である。私たちは、安倍一族批判を行なうことで、社会的に実在するこの雰囲気との〈討論〉を行なっているのである。ならば、それは、もちろん、むだなことではあり得ない。

（六月七日記）

日朝合意をめぐって、相変わらず、語られないこと

五月末、スウェーデンのストックホルムで開かれていた日朝両政府の外務省局長級協議が終わると、メディアは一斉に「焦点だった拉致問題の再調査については合意に至らず」との報道を行なった。加えて、日本側担当者は「相手方は拉致問題についての議論を拒否する姿勢ではなかった」と語り、朝鮮側は「朝鮮総連中央本部問題は必ず解決しなければならない」と強調したことも報道された。目に見える成果が得られなかったらしいことから、拉致被害者家族会メンバーの「落胆ぶり」も伝えられた（以上はいずれも、五月二九日付各紙朝刊。テレビ・ニュースは見るに耐え難いので、第二次現政権が成立して以降、ほとんど見ない）。二国間協議である以上は「焦点が拉致問題」であるはずはなく、「国境正常化問題」だと捉えるべきであ

ろうが、そのような姿勢を、政府・外務省、メディア、「世論」なるものに期待することは、今さら、できるものではない。

このような新聞報道がなされた同じ日の夜、帰国した外務省担当者から報告を受けた首相は、急遽、記者団に会い、「拉致再調査で日朝が合意し、その調査開始後に日本側が課してきた制裁を解除する」ことで一致をみた、と語った。首相のイメージ・アップにつなげようとするメディア戦略はありありと窺われるが、「合意」それ自体は好ましいことには違いない。そのうえで、どんな問題が残るかについて考えておきたい。

日朝協議合意事項全文や朝鮮中央通信による報道全文を読むと、今回の合意が、二〇〇二年の日朝平壌宣言を前提にしていることは明らかである。その指摘が、新聞報道の中にも、ないではない。たとえば、五月三〇日付朝日新聞で平岩俊司関西学院大教授が寄せているコメントのように。だが、日本での報道は、ほぼ「拉致一色」状態が、変わることなく続いている。この日、サンプル的に見たテレビ・ニュースのいくつかにも、その傾向が色濃く出ていた。それは、「報道側」が抱える問題点に終わるわけではない。二九日の首相発言そのものに孕まれている問題である。「拉致問題の全面解決は最重要課題の一つだ」とする首相は、「全ての拉致被害者の家族が自身の手でお子さんを抱きしめる日がやってくるまで、私たちの使命は終わらない」という、得意の〈情緒的な〉言葉をちりばめながら「拉致」のことを語るのみである。官房長官会見の内容は「要旨」でしか読めなかったが、国交正常化にまで至る日本政府の「覚悟」を語る言葉も、それを質す問いかけも見られない。要するに、この社会には、政策・態度を改めるべきは相手側のみである、という牢固たる考えが貫いているのである。

これは、二〇〇二年九月一七日、日朝首脳会談が行なわれ、平壌宣言が発せられて以降一二年間にわたって日本社会を支配してきた「空気」である。歴史過程を顧みての論理にも倫理にも依拠することなく、いったん、この不気味な「空気」に支配され始めると、社会はテコでも動かなくなる。私は、二〇〇三年に刊行した『「拉致」異論』(44)において、拉致問題に関わっての朝鮮国指導部の政治責任にも言及しながら、「相手側に要求することは、自らにも突きつけるべきだ」と主張した。拉致問題の真相究明と謝罪を相手側に求めるのはよいが、その前提には、植民地支配問題に関わる真相究明と謝罪・補償を日本側が積極的に行なわなければならないという課題が、厳として存在しているのだ。その構えが日本側にあれば、この一二年間がこれほどまでに「無為」に過ぎることはなかっただろうというのは、私の確信である。

※ 二〇一四年五月一五日　この日、安倍首相は「安全保障の法的基盤の再構築に関する懇談会」の報告書を受けて記者会見を行ない、従来の憲法解釈を変更して「集団的自衛権の行使容認」に踏み切る姿勢を明確にした。怯え顔の「日本人の子どもやお母さん」が米軍の艦船に乗せられて紛争地から脱出しようとしている図のパネルまで持ち出して、この米艦を自衛隊が援護できなくてよいのか、と得意顔に語った。軍事常識からいっても、空想的で架空の物語を作り出し、それを梃子に「理」ではなく「情」に訴える手口が際立った。

ところが、家族会は「拉致問題解決優先」という、非歴史的な、いたずらな強硬路線を主張した。政府もメディアも「世論」も、家族会の方針に〈情緒的に〉反応するという「安易な」態度に終始した。したがって、相手側の「不誠意」や「不実」や「不履行」を言い立てるばかりで、自らを省みることのないままに、歳月は過ぎたのだ。この「空気」に助けられて、辛うじて成立している現政権が、今回の日朝合意から実りある成果を得るためには、自らが何を発言し、何を果たさなければならないかという「覚悟」が要ることは自明のことである。だが、それを指摘する者はごく少数派で、この社会は変わることなく「自己中心音頭」を歌い痴れ、踊り痴れるばかりである。

（五月一七日記）

政治家の「誇り高い」言葉をめぐって

やはり、ここは、「五月一五日」※のことを書くべきではないのか、という内心の声がないではない。愚かすぎる政治屋が演じた、あの空疎な「記者会見ショウ」を取り上げるべきではないのか、と。だが、私には、いま、言葉

（44）前掲、注（9）参照。

がない。ひとりの個人が、哀しくも犯してしまうどんな犯罪よりも、もっと「凶暴な」というべきこの「政治犯罪」が大手をふって罷り通ってしまう状況を言いあらわす言葉が、ない。テレビを通して公然と犯されたこの「犯罪」を前に、なすすべもなく（と、あえて言わなければならない気持ちがする）立ち竦む社会——そこに映し出されているのは、他ならぬ私たちの貌であり姿なのだ。この愚挙を許している私たちへの「絶望」を、いまは、語りたくない。それよりは、「希望」を語りたい。あるかなきかのものでしかないかもしれないにせよ、「希望」の根拠を語りたい。私自身が関わっていることなので「私事」の印象があるかもしれないから、それを「公」の領域に拡張する努力をしつつ。

一九八〇年に始めたボリビア映画集団ウカマウの作品を自主上映する活動が、今年三四年目を迎えた。新作『叛乱者たち』が届いたこともあって、全作品の回顧上映を「革命の映画／映画の革命の半世紀（一九六二〜二〇一四）」と題して始めている。ウカマウ集団と監督のホルヘ・サンヒネスは、ボリビア人口の六〇パーセントを占める先住民族の存在に徹底してこだわる。スペインによる植民地支配以降一貫して、ピラミッド構造の社会構成体の最下層に組み込まれ、徹底して差別・抑圧されてきたこの人び

※　ウカマウ集団については、理論書に、ウカマウ集団、ホルヘ・サンヒネス著『革命映画の創造——ラテンアメリカ人民と共に』（三一書房、太田昌国訳、一九八一年、絶版）、太田昌国編『アンデスで先住民の映画を撮る——ウカマウの実践の40年と日本からの協働の20年』（現代企画室、二〇〇〇年）、ベアトリス・パラシオス著『「悪なき大地」への途上にて』（編集室インディアス、唐澤秀子訳、二〇〇八年）がある。シナリオ集に、『第一の敵——ボリビア・ウカマウ集団シナリオ集』（インパクト出版会、一九八一年）、『ただひとつの拳のごとく——ボリビア・ウカマウ集団シナリオ集』（同、一九八五年）がある。また、『第一の敵』『地下の民』『鳥の歌』『最後の庭の息子たち』がDVD化されている（発売元＝現代企画室）。ウェブ上には、http://www.jca.apc.org/gendai/ukamau/index.html、https://www.facebook.com/ukamautokyo などの関連サイトがある。

とが主権を回復することが最優先の課題だが、それが実現することで、社会の上層と中層を構成している白人とメスティソ（混血層）もまた自己解放される——かくして社会全体の変革へと至る、という揺るぎない確信に基づいて、作品の創造がなされてきた。「先住民族」なる存在を生み出したのは、他者の土地に身勝手にも侵入し、「無主地論」に基づいてそこを我が物にしてしまった植民地主義に他ならないから、ウカマウ集団が作品のテーマとして設定することがらは、特殊アンデス地域の問題であるように見えて、常に世界的な普遍性を帯びてくる。※

『叛乱者たち』は、一八世紀末に起こった植民地期最大の先住民叛乱以降、先住民および「良心的な」白人・メスティソ層によって主権回復の努力がいかになされてきたかをたどりながら、二〇〇六年にはついに左派の先住民大統領（エボ・モラレス）が誕生するに至る過程を描く。このようにテーマを設定する芸術作品が、時の「権力」との距離をどのように確保するかという問題は、厳として存在する。その意味で、この作品の「出来栄え」は十分論議される余地がある。また、すでに二期・九年目を迎えているモラレス大統領が、どんな改革を、どのように、どこまで実現できているかという現実的な問題もある。その究明は別途なされなければならないとして、映画に挿入された、実際の大統領就任式におけるモラレス演説の一節には胸打たれる。要旨は、こうである。「自分たちの祖先は半世紀前までは公の場所に入ることも母語を話すことも許されなかったし、今でもインディオを目の敵にする人びとがいる。だが、私たちはそのような人びととも共生したい。先住民の独占物ではないこの改革の過程においては、復讐も報復も行なわれない」。

アパルトヘイト廃絶後の南アフリカにおいて、「真実究明・赦し・和解」の努力がなされてきたことは周知の通りである。報復処刑と「政敵」の粛清に満ちていた二〇世紀型社会革命の「負の遺産」を克服する歩みが、期せずして世界のいくつかの地で行なわれていることがわかる。この映画を観たひとりの観客は、このモラレス演説を評して「誇り高い」と言った。それに比して「我が国のトップのお粗末さに辟易する」とも。劇場の賑わいの興奮から深夜帰宅して新聞を開き、この国の政治ニュースに接するたびに、私も毎夜この「落差」に眩暈をおぼえた。

ウカマウ全作品を上映したこの二週間、『第一の敵』を観て熱心に感想を語り合ったこともある佐藤満夫・山岡強一※を思った。作劇方法から、ブレヒトを思った。よそとここの政治の在り方の違いを思った。民衆運動の「差」

※　佐藤満夫・山岡強一と聞いても、知らない世代が育っていよう。ふたりとも、映画『山谷《ヤマ》　やられたらやりかえせ』（一九八五年）の監督であった。日雇い労働者を手配する者たちの背後には暴力団＝右翼が介在して、労働者の権利を侵害し暴利をむさぼっていることも描くこの映画を嫌った者が、最初の監督、佐藤満夫さんを殺害した（一九八四年一二月二二日）。そのため、ヤマの労働者、山岡強一さんが監督を引き継ぎ、一九八五年末に完成にこぎつけた。その山岡さんも右翼の凶弾に斃れた（一九八六年一月一三日）。ふたりは、ウカマウ集団の『第一の敵』を初回上映時に観ており、強い印象を受けたと語っていた。佐藤さんは『第一の敵』論を書いたとも言っており、亡くなった後探してもらったが、見つからなかった。山岡さんは、『山谷』上映の参考にしたいからウカマウ映画自主上映運動の経験を教えてほしいといって、仲間と一緒に私を訪ねて来ていた。その

を痛感した。そこからは、芸術表現の次元でも、現実の政治・社会の次元でも、いくつもの新たな思いが生まれよう。それを、冒頭で触れた「絶望」から這い上がる根拠にしたい――そう、思った。

わずか数週間後に、彼は殺害された。遺稿集に、山岡強一著『山谷　やられたらやりかえせ』がある（現代企画室、一九九六年）。

三月三一日は、消費税引き上げ前夜だけではなかった

（四月五日記）

この日のＴＶニュースは見ておこうと思った。三月三一日――翌日からの消費税引き上げを前に、メディアには「売らんかな」の姿勢も顕わな売り手側と買いだめに走る消費者側の姿を、ここまでやるかと思えるほどに詳しく伝えた。ほんとうの怒りと苦しみはよそにしかないだろうと思うしかない、弛んだインタビューが続いた。私も身の丈に合った買い物はしたが、何かにつけて煽る売り手とそれに乗るメディアの術策に関しては、いつものように、冷ややかに見る視線を失いたくないものだと思った。ＮＨＫの場合には、今回の税率引き上げによって予想されている増収五兆円が、あたかもすべて社会保障費の充実に充てられるかのような、意図的な説明

がなされた。首相の生の発言を挟み込みながら。政府発表に基づいてすら、その「充実」なるものに充てられるのは一割でしかないという事実が明らかになっているというのに。得がたい味方を、政府はＮＨＫのニュース編成局に配置している。

同時に、私は、この同じ三月三一日に期せずしてなされた三つの司法上の出来事に注目した。それは、まるで、年度末のドサクサを利用したかのように、「駆け込み」でなされた。

まず、あるかなきかのような報道しかなされなかったのは、強制送還死訴訟で国が控訴したという一件である。二〇一〇年、日本での在留期限が切れたガーナ人男性が、成田空港から強制送還される際に急死したのは、入国管理局職員の過剰な「制圧行為」が原因だとする遺族の訴えに関して、東京地裁が「違法な制圧行為による窒息死」であったことを認め、国に五〇〇〇万円の支払いを命じる判決が三月一九日にあった。これを不服として、三月三一日、国は東京高裁に控訴したのである。

私は新聞でしか見ていないが、判決のニュースはしかるべき質量でなされた。(45) 在留期限を超えた人の入管施設での長期収容や、子どもや配偶者と切り離しての強制送還措置など、入管当局が日ごろから実施している行政措置の非人道性と人権意識の欠如が国際的にも問題視されている事実も伝え、今回の事態もその一環をなすことが読者には伝わった。ガーナ人男性は「暴れたために」機内で手足を手錠で拘束され口はタイルで猿ぐつわのようにして塞がれたうえで、前かがみに深く押さえつけられて、動かなくなった。「動きは完全に制圧され、格闘技の技が決まったときのようだった」とは、警備員の柔道経験に言及しながら、判決文が述べた文言である。地検は警備員をすでに不起訴処分にしていたが、遺族側の弁護士は「捜査対象が、検察と同じ法務省傘下の入管職員でなければ、すぐに起訴された事例」と述べたことは頷ける。だが問題は、現場職員の違法行為に留まることはない。ガーナ人男性は日本人女性と結婚しており、地裁は「夫婦関係が成立している」として強制退去命令を取り消したにもかかわらず、高裁が「子がおらず、妻も独立して仕事をしている。必ずしも夫を必要としない」という理由で退去命令を下したのである。その結果としての、成田空港での出来事であった。高裁の決定の言葉には、身が凍りつく。否、その人間観の貧しさに絶句する。司法上層部の言葉と下部現場職員のふるまいは、狭隘な同族意識の中で外国人を犯罪者扱いしている点で、両者が一体化した価値意識の持ち主であることを明かしている。

(45) 特に、『朝日新聞』二〇一四年三月一九日夕刊及び二〇日朝刊

三月三一日に行なわれた、残るふたつの出来事は、福岡地裁が飯塚事件の再審請求を棄却したこと、そして静岡地裁による袴田事件再審決定の取り消しを求めて静岡地検が即時抗告を行なったこと、である。いずれも、死刑問題に関わる重大な案件であるが、この事件の経緯と司法判断の在り方を少しでも調べたり、死刑囚の身を強いられたふたりの手紙や手記を読んだりすれば、誰もが、事態の「真実」に近い、合理的な判断に至るだろうと私には思える。それほどまでに、この二つの案件に関して「死刑を確定させた」司法の最終的な判断は、危うい。

私たちは、劣化するばかりの政治=政治家の在り方に、言葉も失うような日々を送っている。三月三一日の三つの出来事は、司法もまた、救いがたい状況にあることを改めて示した。これが、ありのままの現実であること――そこが私たちの、避けることのできない「再」出発点である。

「真実究明・赦し・和解」の範例を遠くに見ながら

（三月八日記）

状況分析のために必要性を感じて、昨年一二月上旬の特定秘密保護法案成立以後、一四年三月上旬の現在にまで至る三ヵ月間の「東アジア日録」を整理してみた。東アジア諸国の多国間関係に深い影響を及ぼす事項に限定した。日付を入れて一行四〇字でまとめていくと、たちまちのうちに七〇行を超えた。もっと丁寧に拾うと、一〇〇行なぞ優に超えてしまいそうな勢いを感じた。右に述べた限定的な観点で事項を絞り込んでも、ほぼ連日のように、どこかで何事かが起きていることを、それは意味している。別に生業をもつ、市井の個人が整理するには、その能力を超えた情報量である。その意味では、そんな個人でもある程度まではまとめることができるという点で、パソコンの威力を想った。

日本で目立つのは、戦後最大の岐路というべき時期を自らが思うがままに突き進む現首相A・Sの言動、加えてその取り巻きの補佐官や議員と閣僚、さらにはＮＨＫ新会長＋経営委員らのふるまいである。靖国神社参拝、解釈改憲によって集団的自衛権の行使を可能にするための策動、旧日本軍「慰安婦」や南京虐殺をめぐって歴史を捏造する発言、学習指導要領解説書での

「領土教育」の強化指針、巷にあふれ出るヘイトスピーチ——どれを取ってみても、すべてが周辺諸国民衆と為政者の神経を逆なでせずにはおかない方向性をもっている。それに反応するかのようにして、韓国・北朝鮮・中国での動きが伝わってくる。私の考えからすれば、後者の言動のなかにも政府レベルであれ民衆レベルであれ、日本で噴出する醜悪なナショナリズムに対してその水準で対抗しようとするものも散見されないことはない。特に政府レベルでは、日本の場合と同じように、自らが生み出している国内矛盾から民衆の目を背けさせるために「外なる敵＝日本」の存在を大いに利用している権力者の貌が見え隠れしている場合がある。それは、私の心を打たない。だが、まず変革されるべきは、日本の現為政者にみなぎる植民地支配と侵略を肯定する歴史観であり、同時にそれを陰に陽に肯定する社会全般の雰囲気であるという私の捉え方からすれば、他国のナショナリズムが「第一の敵」として登場することはあり得ない。言葉を換えるなら、国家間の歴史問題に関して、加害国側がその自覚を持たないふるまいを続ける、否むしろ現在の日本のように居直り、過去を肯定する態度を続ける限りにおいて、被害国側にそれを超える論理と倫理を求めることはできないというのが、「国家」に拘りそれを単位として行なわれている国際政治の変わることのない現実だ。ふたたび、別な観点から言うなら、だからこそ、A・Sを首班とする日本の「極右政権」はその政策路線を追求するうえで、緊張に満ちた現在の東アジア情勢(=国家間関係)から十分すぎる恩恵を受けているのである。どの国の民衆であれ、自国と隣国の国家指導者たちが興じる、この「ゲーム」の本質を見抜く賢さを獲得しなければならない。

主題は変わるが『現代思想』三月臨時増刊号が総特集「ネルソン・マンデラ」を編んでいる。私も寄稿しているのだが、それを書き、そして出来上がったもので他者の論考を読んで、いちばん心に響くのは、アパルトヘイト(人種隔離体制)の廃絶後のマンデラ政権下で追求されている「真実究明・赦し・和解」への道を模索する姿勢である。「人道への犯罪」と呼ばれたアパルトヘイト体制の推進者——政治家、経営者、警察官、軍人、言論人、市井の人のどれであっても——の罪を告発し追及するのではなく、加害者が「真実」を告白し、被害者に「赦し」を乞い、それが受け入れられ、もって「和解」へと至るという、困難な道を彼の地の人びとは選んだのである。アパルトヘイト体制が内包していた、悪意に満ちた人種差別の本質を思うだに、それは渦中の人びとに(とりわけ被害者に)とって矛盾も葛藤もはなはだしい過程だったに違いない。だが、社会が「復讐」と「報復」の血の海に沈むことがないように、南アフリカの人びとはその道を選んだ。この範例の横に、加害者側からの「真実究明」がなされていない、否、それどころではない、「真実」を捻じ曲げ、隠蔽する動きが公然化している東アジアの実例をおいてみる。身が竦む。

アメリカ大陸の一角から発せられた「平和地帯宣言」

（二月一日記）

一月二九日、アメリカ大陸の一角から「平和地帯宣言」が発せられた。武力の不行使と紛争の平和的解決の原則を明記した諸国間文書が採択されたのである。

この発表は、キューバの首都ハバナで開催されていた「ラテンアメリカ・カリブ海諸国共同体（ＣＥＬＡＣ）」の第二回首脳会議においてなされた。ＣＥＬＡＣは、同地域のすべての独立国三三ヵ国で構成される地域機構である。二〇一〇年二月に創設されたばかりで、域内総人口はおよそ六億人になる。この地域には、伝統的に、一九五一年に創設された米州機構

（ＯＡＳ）が存在している。米ソ冷戦下に成立しただけに、事実上は、米国の圧倒的な影響力が及ぶ「反共同盟」的な性格を有し、したがって一九六二年には、革命後三年目を迎えたキューバを除名した。キューバを域内で徹底的に孤立させ、経済的に締め上げる機構として、米国はこれを十二分に利用してきた。

　しかし、多くは軍事独裁政権下にあって、大国主導の新自由主義経済政策という「悪夢」を世界に先駆けて経験せざるを得なかったこの地域の諸国は、二〇世紀末以降、次第に「民主化」の過程をたどり始めた。そこで成立した各国の政権は、かつてなら稀に存在した根本的な社会改革を志す政権ではない場合であっても、その社会的・政治的任務にまっとうに取り組もうとする限りは、新自由主義経済政策が残した傷口を癒し、ヨリ公正な経済的秩序を作り上げる努力をすることとなった。そのことは、もちろん、米国が変わることなく強要する新自由主義路線に反対し、それとは異なる原理に基づいた自主・自立的な政策を採用することを意味する。米国からの「離反」は次第に拡大し、ついには四年前に、米州機構とは逆に、同じ大陸に位置する米国とカナダを除外し、キューバが加盟するＣＥＬＡＣが成立したのである。

国家間紛争の平和的な解決・対等な国際秩序の構築など、大まかに一致している共通目標はあるが、各国間で政体は異なる。端的に言えば、左派政権もあれば、右派もいる。そのような地域機構が、創設後四年目にして、政府・経済・社会体制の違いを越えて、他の諸国との間で友好と協力の関係を促進する立場を宣言したのである。「平和地帯宣言」はテーマ別文書のひとつだが、もちろん、全体的な最終文書「ハバナ宣言」も採択された。そこでは、途上国に一方的に不利な条件を課すことのない国際経済体制を作り上げること、この地域に多い天然資源を国有化したり、自国産業を保護する政策を採用したりすると、そこへの介入を企図する多国籍企業から訴訟を起こされる例が増えていることから、外国企業を一概に排斥するわけではないが、進出先の国の政策と法制を理解して責任ある態度を取ること、各国の主権を尊重して受け入れ先の国民の生活向上に資するよう心がけることなど、外部から関係してくる経済大国と企業の責任を問う条項もある。

域内協力の課題としては、持続可能な開発によって貧困と飢餓を一掃する経済政策の推進、CELAC加盟国間での「相互補完・連帯・協働」関係の強化などが謳われている。一時期、新自由主義経済政策に席捲された後遺症なのだろう、いまだ非正規雇用が目立つことから「正規雇用の恒常的な創出」の必要性が強調されていることも印象的だ。いったん発動され定着した不当な政策を矯正するのは、こんなにも時間がかかることなのだ。

仮に歴史を四〇年でも遡ると、この地域の三三ヵ国間で、このような合意文書が採択されることはおろか、会議そのものが開かれることすら不可能だった。キューバの存在を軸に、対立と抗争に明け暮れていたからだ。事態の変化の鍵は、各国が超大国=米国への依存度を減らしたこと、代わって対等な域内協力関係を強化したこと、それによって米国の存在感が希薄になったことが挙げられよう。約めて言えば、米国の軍事的プレゼンスがなくなれば地域は平和になり、多国籍企業の活動が規制されれば（現状では、まだ不十分なのだが）経済は安定化へと向かう――という方向性を見出すことができよう。

この宣言が発表された同じ日、国連安保理では「戦争、その教訓と永続する平和の探求」と題した討論が行なわれていた。中国と韓国の代表が「戦争についての審判を覆し、戦犯を擁護する」日本政府のあり方を厳しく非難した。東アジア情勢の異様さと、その主要な責任はどの国が背負うべきかは、国際的に明らかになっていると言えよう。

対立を煽る外交と、「インド太平洋友好協力条約」構想

（一月一一日記）

首相の靖国神社参拝に「失望した」との考えを表明した在日米国大使館※に対して、「米国は何様のつもりだ」という抗議のメールが多数寄せられているというラジオ・ニュースを年明けになってから耳にした。いわゆる振り込め詐欺をテーマに『俺俺』という秀作を書いた作家の星野智幸※※は、二、三〇年ぶりに旧友たちと会うと、声、性格、たたずまいなどにおいてお互い「変わらないなあ」という過去との繫がりが見えてくるのに、話題が韓国や中国のことに及ぶと一変し、相手国へのあからさまな嫌悪と侮蔑の感情を示しては国防の重要性を説く人が少なからずいることに打ちのめされた、と書いた。昔は政治に何の関心も示さず、ナショナリスト的な傾向の片鱗すら持たなかった人に限って、と。(46)

私は昨年の当欄で、日本の現状を指して「『外圧』に抗することの『快感』を生き始めている社会」と書いたが、右の二つのエピソードは、確かに、そんな「気分」がすっかり社会に浸透してしまったことを示しているようだ。

※　二〇一三年一二月二六日、安倍首相は靖国神社を公式参拝した。これに関して、駐日米国大使館は「日本は大切な同盟国であり、友好国である。しかしながら、日本の指導者が近隣諸国との緊張を激化させるような行動を取ったことに、米国政府は失望している」という趣旨の声明を直ちに発表した。

※※　『俺俺』（新潮社、二〇一〇年）、『夜は終わらない』（講談社、二〇一四年）、『呪文』（河出書房新社、二〇一五年）と続いている星野智幸の近作は、現代日本社会に充満しつつある、この不気味な社会的な雰囲気や気分を掬い取って、鮮やかに描き切っている、と思われる。

この「気分」の頂点にいるのは、もちろん、現首相であり、政権党幹部たちである。靖国参拝を行なって内外からの厳しい批判にさらされている当人は、年明けのテレビ番組で「誰かが批判するから（参拝を）しないということ自体が間違っている」と語っている。かつてなら（第一次内閣の時には）、安倍自身が、「大東亜戦争の真実や戦没者の顕彰」を活動方針に掲げる「日本会議」（一九九七年設立）や、靖国神社内遊就館内に事務所を置き、天皇や三権（国会、内閣、裁判所）の長の靖国参拝を求めている「英霊にこたえる会」の主張するところにぴったりと寄り添ってふるまうことは避けていた。本音では同じ考えを持つ者同士だが、七年前の安倍には、首相としての立場を表向きだけにせよ弁えるふるまいが、ないではなかったのである。それが、極右派からすれば、安倍に対する不満の根拠であった。

政権党幹事長・石破茂の暴走も停まらない。昨年は、「自衛隊が国防軍になって出動命令に従わない隊員が出た場合には最高刑は死刑」とか「単なる絶叫戦術はテロ行為と変わらない」という本音を言ってしまった。年明けには「（集団的自衛権の行使容認に向けた）解釈改憲は絶対にやる」と公言している（私はテレビ・ニュースを見ないので、事実の抽出は、新聞各紙の記事に基づいて行なっている）。安倍と石破のこの間の言動は、この社会におけ

（46）星野智幸「宗教国家日本」『朝日新聞』二〇一三年一二月二五日。星野のエッセイ集『未来の記憶は蘭のなかで作られる』（岩波書店、二〇一四年）に所収。

る「民意」の動向を踏まえたうえで行なわれていると思える。

経済的な不安定感、震災や原発事故に伴う喪失感、文明論的にも先行きの見えない不安感——国内で、私たちを取り囲む諸問題はこんなにも深刻だが、このとき「日本人」であることに安心立命の根拠を求めるナショナリズムが、こうしてひたひたと押し寄せている。

昨年一二月、東京で開かれた日本・ASEAN（東南アジア諸国連合）特別首脳会議において、中国による防空識別圏の設定に的を絞って「中国包囲網」を形成しようとする日本政府の動きがあった。メディア報道もそれを主眼においてなされた。それは、社会の現状に添った偏狭なナショナリズムに制約された視点であって、重要な点は別にあった。

インドネシアのユドヨノ大統領は、国家間紛争に武力を行使しないことを約束する「インド太平洋友好協力条約」の締結を呼びかけた。どの国にせよ駆け引きと術策に長けた国家指導者の言動をそのまま信じる者ではないが、共同声明には日本が主張した「安全保障上の脅威」や「防空識別圏」の文言は入らず、日本は「孤立」したのである。海洋への中国の軍事的進出にASEAN諸国にも警戒心があるのは事実だが、それを利用して中国と後者の緊張を煽る日本政府の目論みは失敗した。領土・領海問題や地域的覇権をめぐって対立や抗争もあった（あり続けている）東南アジアから、現在の日本政府の方向性と対極的な、平和へのイニシアティブが取られつつあることに注目したい。そこには、世界で唯一冷戦構造が継続しているような東アジア世界への「苛立ち」、とりわけ加害国でありながら、その反省もないままに「ナショナリズム」に凝り固まって、排外主義的傾向を強める日本社会全体への不審感が込められていると捉えるべきであろう。

Ⅲ　二〇一三年

特定秘密保護法案を批判する視点

（一二月七日記）

特定秘密保護法案の国会審議が大詰めを迎えていたころ、某大学で「帝銀事件と平沢死刑囚」について語る機会があった。NHKのディレクターであった故・片島紀男※に関しては、「埴谷雄高・独白『死霊』の世界」（一九九五年）や「吉本隆明がいま語る　炎の人・三好十郎」（二〇〇一年）などの作品を観て、私は注目していた。だが、氏は、私があまりテレビを観る習慣のなかった時期に、「昭和」史や戦後史に関わる番組も多数制作していた。「獄窓の画家　平沢貞通──帝銀事件元死刑囚の光と影」（二〇〇〇年）もそのひとつである。この番組を学生と一緒に観てから、上記のテーマについて語るという企画である。

私は死刑廃止運動の場で、晩年の片島氏と知り合う機会があり、獄死し

※　片島紀男が行なった仕事の全貌は、次の冊子で書誌的に確認できる。「特集・片島紀男の仕事」（『文化冊子草茫々通信』六号、二〇一三年四月二五日、書肆草茫々、佐賀）、「『片島紀男の仕事』はどう読まれたか」（同七号、二〇一四年一一月一〇日）

た死刑囚の再審請求に賭ける氏の熱意を知っていた。講義の前夜、新聞に小さな記事が載った。一二人が毒殺された一九四八年の帝銀事件で、東京高裁は、獄中死した平沢元死刑囚の養子で再審請求人の武彦さんが死亡したために、再審請求の手続きが「終了した」、というものである。(47) 裁判の場で、冤罪の死刑囚であった平沢氏の無念を晴らす道は閉ざされたことになる。

六五年前の事件について二〇歳前後の若者に語るに際して、「国家」を司る者たちの恣意性を自覚してほしいと私は希った。占領下で起きた帝銀事件の場合、それはふたつの形で現われる。①同事件の実行犯捜査は、犯行現場での毒物の手慣れた扱いから見て、旧関東軍満州第七三一部隊所属の軍人に絞られた。だが彼らは、対ソ連戦に備えて同部隊員の技量を活用しようとする米軍の庇護下にあり、その戦争犯罪は免責されていた。GHQ（連合国総司令部）は警視庁と新聞に圧力をかけ、捜査方針を変更させた。②代わりに生け贄にされた平沢氏は、杜撰な取り調べと裁判で死刑が確定した。確定から三二年間を獄中に暮し、九五歳で獄死した。その間に就任した法相は三五人、ひとりとして執行命令書に署名しなかった。高検検事長も認めたように「判決の事実認定に問題があった」ためである。①からは、占領国の横暴・傲慢さが透けて見える。②からは、死刑制度を維持する国

(47)『朝日新聞』二〇一三年一二月三日

の冷酷さが浮かび上がる。そして双方に共通するのは、国家は「機密」を好み、いったん「機密」にされた事柄は、民衆に知らせないことを通して、他ならぬ民衆を縛り上げるという事実である。占領下の「昔話」が、現下の特定秘密保護法案の本質に連なってくるというリアリティを、若者たちには感じ取ってほしかった。

この日の講義では触れる時間がなかったが、私が同法案を批判する際に強調してきたのは、国際的な視点である。近代国民国家の枠組みを尊重しつつも、人権にかかわる問題に関しては国際的なネットワークを作り上げて、各国の意識・自覚の向上を図る努力が目立ち始めたのは一九六〇年代以降である。「国際人権規約」「経済的、社会的及び文化的権利に関する国際規約(A規約)」「市民的及び政治的権利に関する規約(B規約)」(一九六六年)に代表されるように。その後も、女性の地位、先住民族の権利、子どもの権利、監獄制度や死刑制度などの問題をめぐって、国際的な基準を設定する試みがなされてきた。

今回の法案に関しては、「ツワネ原則」を想起せよ、との声が批判派から上がり、私もその声を聴いて初めて知った。「国家安全保障と情報への権利に関する国際原則」が正式名称である。安全保障上の理由から国家が多様な

※ 因みに、アパルトヘイト(人種隔離政策)を廃絶した南アフリカが、二〇〇一年にダーバンで開かれた人種差別に関する国際会議に続いて、人権問題を討議する場になっていることは象徴的で、意義深い。

情報の秘密指定を恣意的に行ない、市民の知る権利とのバランスが崩れている現状を危惧した国連などの国際機関職員と専門家五〇〇人以上が、南アフリカのツワネで二年間議論を続け、今年六月に公表されたものである。※このツワネ原則を読めば、各国政府が、知る権利や人権を侵すような暴走を防ぐ手立てが一定は規定されており、特定秘密保護法はその対極にあることが明らかになる。法案は成立したが、私たちは、たたかい続ける手立てのすべてを失ったわけではない。過度の悲観論に陥ることなく、なすべき日常的な課題にじっくりと取り組み続けたい。

(国会前の抗議行動から帰った翌朝に記す)

(一一月九日記)

韓国における、日本企業への個人請求権認定の背景

第二次大戦中に日本企業に徴用された韓国の人びとが、その企業を相手に行なう損害請求訴訟において、請求権を認定する韓国司法のあり方が定着し始めた。この問題をめぐっては、日本のメディアには「国家間の合意に

反する」とする意見が溢れている。一九六五年の日韓請求権協定に基づくなら、請求権問題は解決済みだとするのである。自民党総務政務官・片山さつきは「国家間の条約や協定を無視した判決を出す国が、まともな法治国家と言えるのか。経済パートナーとしても信頼できない。敗訴した日本企業は絶対に賠償金を支払ってはいけない」と語っている。[48] これは俗耳に入りやすい論理だけに、検証が必要だ。私たちは、複雑に絡み合った歴史を解きほぐす労を惜しむわけにはいかない。いささか長くなるが、この問題を考える前提として、日本の敗戦以降の歴史過程を胸に留め置くべきだろう。事態は、植民地支配に関わる自覚、反省、謝罪、補償を実現できないまま現在に至った、私たちの戦後史に深く繋がるものだからである。

一九四五年八月、日本は遅すぎた敗戦を迎えた。アジア太平洋の諸地域に全面的に展開した軍隊が「敗退」を始めた後でも、それは「転戦」だと言い繕う者たちが、政治・軍事権力の座にあった。東京をはじめとする諸都市への大空襲と沖縄地上戦を経てもなお「敗戦」を認めようとしなかった支配層は、広島・長崎の悲劇を味わって後にようやく、それまでの「敵」＝連合国側が提示したポツダム宣言を受け入れた。しかもそれは、天皇の「聖断」によるものである、とされた。本土決戦は回避された。空襲で焼け野原になっていた東京にあっても、皇居と国会は炎上することはなかった。ヒトラーと同じ運命を天皇裕仁がたどることは避けられた。

天皇は「現人神」から「象徴」に変身して、生き延びた。戦争を推進した多くの官僚も、戦争を熱狂的に支持した一般の国民も、戦争責任を問われることなく、延命できた。「無責任な」あり方が社会に浸透した。植民地は「自動的に」独立した。一九五四年のディエンビエンフーのように、一九六二年のアルジェのように、一九七五年のサイゴンのように、被植民地民衆の抵抗闘争によって帝国の植民地主義が敗北した、という実感を日本社会総体がもつことはなかった。こうして、戦前と断絶することのない、日本の戦後が始まった。

戦後の出発点に孕まれていた「虚偽」は、戦後も継続した。いったんは武装解除され、やがて米国のアジア戦略の変更によって再武装が認められた日本は、基本的には自ら戦火に巻き込まれることなく「平和」の裡に戦後復興に邁進することができた。翻って、近代日本の植民地支配と侵略戦争および軍政支配から解放されたアジア諸地域では、内戦あるいは大国の介入による戦火が長いあいだ途絶えることはなかった。アジア民衆は、日本が戦後復興を経て高度産業社会へと変貌する過程を目撃していながら、日本の植

(48)『夕刊フジ』二〇一三年八月二一日

民地支配や侵略戦争に関わる補償を要求する「余裕」などは持たなかった。

一九七五年、米国が敗退してベトナム戦争は終わった。アジアにおける大きな戦火が、ようやく消えた。加えて、日本の敗戦から四五年を経た一九九〇年前後から、右に概観した世界秩序に変化が現われ始めた。他の矛盾をすべて覆い隠していた東西冷戦構造が、ソ連体制の崩壊によって消滅した。韓国では軍事独裁体制が倒れた。アジアの人びとは、ようやく、自らの口を開き、過去に遡って日本との関係を問い直す条件を得た。

旧日本軍の「慰安婦」や元「徴用」工、元「女子勤労挺身隊」の人びとが、日本国家と雇用主であった日本企業に個人として賠償請求訴訟を始めたのは、この段階において、である。サンフランシスコ講和条約や日韓条約は、そもそも、植民地支配の責任を問うこともなく締結された。過去に締結された条約や協定に基づいて自己の権限を主張するのは、どの時代・どの地域を見ても、常に強者の側である。弱者であった側は、別な原理・原則に基づいて自己主張を始めざるを得ない。奴隷制、植民地支配、侵略戦争の責任の所在を問う現代の声には、そのような世界的普遍性が貫いていると捉えるべきだろう。

ボー・グェン・ザップとシモーヌ・ヴェイユは同時代人であった　（一〇月一二日記）

ボー・グェン・ザップの死（一〇月四日）を聞いて、連鎖的にいくつかの思いが浮かんだ。彼の生年は、日本で幸徳秋水ら一二名が大逆事件で処刑された一九一一年であったから、享年一〇二歳であった。太宰や埴谷雄高などと同世代か、と咄嗟に思った（太宰も埴谷も〇九年の生まれである）。まず、書棚から彼の著作『人民の戦争・人民の軍隊――ベトナム解放戦争の戦略戦術』(49)とジュール・ロア『ディエンビエンフー陥落――ベトナムの勝者と敗者』(50)を取り出して、ぱらぱらと頁を繰った。彼は軍人として訓練を受けた人ではなかった。『孫子』やナポレオン戦役記を読んで軍事知識を身につけたとは、有名な逸話だ。ザップ自身の本に関しては、刊行当時も、ソ連や中国の経験の絶対化やマルクス・レーニン主義理論をベトナム的な現実に当て嵌める生硬な論理展開には納得できない気持ちを私は抱えていたには違いない。同時に、一九六〇年代半ば、眼前で展開されている抗米闘争のめざましさを思えば、不可避的にたたかわれていたあの戦争の「正し

(49) 真保潤一郎訳、弘文堂新書、一九六五年。本稿執筆後に出された改版として、ヴォー・グエン・ザップ『人民の戦争・人民の軍隊――ヴェトナム人民軍の戦略・戦術』真保潤一郎、三宅蕗子訳、中公文庫、二〇一四年がある。

(50) 朝倉剛、篠田浩一郎訳、至誠堂新書、一九六五年

さ」を、信じるほかはなかった。準備時期を経て一九四四年にフランス植民地軍とたたかうために結成された人民軍の萌芽が、翌年には占領した日本軍との戦いも強いられていく過程を読めば、（読んでいた六〇年代半ばの時点で言えば）二〇年間も絶えることなく続けられてきた武装闘争の必然性が見えてくる感じがした。ベトナムは勝つにさえ値しない戦争に勝つより米国による占領体制を進んで選択し、日本のような戦後復興を図るほうが賢明だとする磯田光一の考え[51]や、自前で武器を作る能力も持たないベトナムが他国から武器の補給を受けて戦い続けていることのばかばかしさを人類の名において鞭打つべきだとした司馬遼太郎の意見[52]などは、私には論外であった。

次に思い出したのは、一〇月九日が四六回目の命日だったこともあって、チェ・ゲバラのことである。彼には、ザップの『人民の戦争・人民の軍隊』キューバ版に寄せた序文「ベトナムの指標」という文章がある。※それも再読した。当時のチェ・ゲバラの発言と行動が私（たち）を惹きつけるものがあったとすれば、それは、さまざまな領域にわたる彼の言動が常に、旧来のソ連型社会主義の枠組みに疑問を呈し、それを乗り越えようとする、あるいは克服しようとする新たな観点を提起していた点にあった、と思える。そ

※　ゲバラ論文「ベトナムの指標」は、チェ・ゲバラ『国境を超える革命』（世界革命運動情報編集部編訳、レボルト社、一九六八年）に収録。『ゲバラ選集』第四巻（選集刊行会編集、青木書店、一九六九年）にも、「『人民の戦争、人民の軍隊』への序文」と題して収録されている。

の彼にして、この小さな論文では、前衛としての革命党と人民解放軍に対する無限定的な信頼は揺るぎない。「党と軍隊の親密な関係」や「軍隊と人民の間の固い絆」に対する確信も同様である。後代に生きていることで二〇世紀型革命の行く末を見届けることになった私たちが、今さら踏みとどまっていてよい地点だとは思えない。

最後に、ふと思いついたことは、自分でも意外だった。シモーヌ・ヴェイユの生年と没年を確かめたくなったのだ。一九〇九～一九四三年であった。ボー・グェン・ザップより二歳だけ年上である。ヴェイユは極端な短命だったが、第一次世界大戦からロシア革命へ、世界恐慌からファシズムの台頭へと向かう二〇世紀初頭の三〇年有余を、ザップとヴェイユのふたりは、まぎれもない同時代人として生きたのであった。

一九三三年末、スターリン体制へと進みゆくロシア革命の過程をすでに同時代的に目撃していたヴェイユは書いている。「ロシアにおける干渉戦争は、真の防衛戦であり、我々はその戦士をたたえるべきだが、それでもロシア革命の進展にとっては越え難い障害となった。恒久的な軍隊、警察、官僚政治の廃止が革命のプログラムであったのに、革命がこの戦争のお蔭で背負わされたものは、帝政派将校を幹部とする赤軍や、反革命派よりもっ

(51) 磯田光一「ベトナム戦争論の文脈」『左翼がサヨクになるとき——ある時代の精神史』集英社、一九八六年
(52) 司馬遼太郎『人間の集団について——ベトナムから考える』中公文庫、一九七四年

ときびしく共産主義者を殴打するようになる警察や、世界の他の国に類を見ない官僚政治組織なのである。これらの組織はすべて一時的な必要にこたえるはずのものであったが、それがこの必要ののちまで生きのびることは避けられなかった」[53]。ヴェイユが、例外として挙げる史実は、パリ・コミューンだけである。

同時代人ではあったが、異なる社会の条件下に生きた三人の言動から何を学び取るかは、私たちに委ねられている。

（九月七日記）

排外的愛国主義が充満する社会の中の異端者

仲代達矢の言葉に励まされた。「みんな同じものばかりになったらどうなる？　人と違うものをつくる異端者が、次の世代のためにしっかりしないといけないんです」[54]。出演した最新作『日本の悲劇』に触れての言葉である。映画制作の現場から生まれたものだが、時代状況から見て、普遍性を持つと私には思える。口にするのが、仲代のような「有名人」でなくても、誰であっても、いい。私たちは、いま、このような言葉を欲し、それを自らの内部で確認することが必要な日々を生きているような感じがする。

例えば——本欄では、元東京都知事I・S、現大阪市長H・T、現首相A・Sなどの、人権意識のかけら（ここは「欠片」と漢字で書く方が、言葉の本質が見えやすいようだ）もなく、歴史に無知な連中の言動をたびたび批判の対象としてきた。彼らがその種の発言をしたときには、もちろん、社会のさまざまな場所から、批判の声が上がった（上がり続けている）。人権を尊重する国際的な水準からすれば、そして、地域と世界に生きる異民族同士の相互の関連の中で歴史をふり返り、捉えるべきだという普遍的な立場からすれば、「失格」「退場」でしかない言葉を彼らは吐いたからである。

だが、彼らはいまだに政治の前線にいる。一度は消えたのに、再登場した者すらいる。選挙ともなると、大量得票を得る。すなわち、現在の日本社会の現状では、この傾向を批判する私たちが「少数派」で「異端者」であるかのように、現象している。私にとっては、ずっと以前から「わかりきった」ことではあった。「覚悟」していたことでもあった。いまや、その少数派や異端者をも寛容に包み込む「海」（往年の「前衛主義者」でもあるまいし「人民の海」などという古典的な表現は使うまい）がここまで干上がってき

(53)「革命戦争についての断片」伊藤晃訳『シモーヌ・ヴェーユ著作集1　戦争と革命への省察』春秋社、一九六八年

(54)『朝日新聞』二〇一三年八月一六日夕刊

たのである。自分たちの姿を、有明の干潟でのたうつムツゴロウの姿に模してみる。だがムツゴロウには、あの場所で生きる生態的な必然性があろうが、私たちはどうだろうか？　その私たちを包囲しているのは、「排外的愛国主義」である。社会的雰囲気としてのこの潮流と、前記の政治家たちの言動とは見合っているから、彼らは「安泰」なのである。

七月二九日には、例の麻生発言もあった。桜井よし子が理事長を務める「国家基本問題研究所」のシンポジウムの場に、桜井、田久保忠衛、西村真悟などと共に登壇した時に、である。あまりにも低劣ゆえ、麻生発言の紹介はしまい。後日、麻生は「あしき例としてナチスをあげた」などと弁解したが、元の発言に立ち戻れば、それがまったくの嘘であることは文脈上明らかだ、というに留めよう。問題は、だが、こんな閣僚をすら私たちは即罷免（リコール）することができない状況下にあるということである。

これに先立って四月には、自民党幹事長・石破茂が「改憲成って国防軍が創設された暁には、戦場への出動命令を拒否すれば軍法会議で死刑もしくは懲役三〇〇年」と発言した。石破の表現を再現するなら「すべては軍の規律を維持するために」である。石破は、また、災害発生時の非常事態宣言、すなわち戒厳令発令の意図をたびたび語っている。企図されている防衛省

「改革」では、これを実現するために、自衛隊の運用業務を制服組の統合幕僚監部（統幕）に一元化する方向が目指されよう。

主要閣僚や与党幹部がこのような「超」歴史的／「超」憲法的発言を次々と繰り出すことによって、この種の「言論」がいまや日常と化した。日常化するとは、それが「ふつうのこと」となること、「当たり前のこと」となることを意味する。それでも、自民党改憲案に基づく改憲へと一気に行き着くことは、「世論」動向を配慮すれば出来ないと知った彼らは、憲法を機能停止させる動きを急速化している。画策されている秘密保全法案は、そのもっとも顕著な表われのひとつである。ここでは、「行政機関の長」と都道府県の警察本部長に、「特定秘密」を扱う者の「適正評価」を行なう大幅な権限が与えられようとしている。

こうして、行政・警察・軍隊という、その本質において「抑圧的」な機構を一体化させて社会の根本的な再編を行なうこと――彼らのでたらめな発言に呆然とし、それを時に嘲笑している私たちの背後に迫るのは、この現実である。

死刑囚の表現が社会にあふれ出て、表現者も社会も変わる

（八月三日記）

広島県福山市にあるアール・ブリュット専門の鞆の津ミュージアムで、去る四月から七月にかけての三ヵ月間にわたって、死刑囚が描いた絵画の展示会「極限芸術」が開催された。当初は二ヵ月間の予定だったが、好評であったために途中で会期が一ヵ月間延長された。総入場者数は五二二一人になった。ミュージアムのある鞆の浦は、北前船や朝鮮通信使の寄港地であったことでも名高く、歴史の逸話にあふれた町だが、福山駅からバスに乗って三〇分ほどかかる場所にある。今回の入場者には、町の外部から来た人が多かったようだが、その意味では、アクセスが容易だとは言えない。そのうえでの数字だから、いささかならず驚く。

展示された三〇〇点有余の作品を提供したのは、私も関わっている「死刑廃止のための大道寺幸子基金」死刑囚表現展運営会である。※ 二〇〇五年に発足して以降、毎年「表現展」を実施してきたので、昨年までの八年間でそのくらいの絵画作品が応募されたのである（別途、詩・俳句・短歌・フィクション・ノンフィクションなどの文章作品の分野もある）。絵画作品全点の展示

※ 確定死刑囚の母親が遺した資金を基に始まった「死刑廃止のための大道寺幸子基金」は、二〇一五年から「死刑廃止のための大道寺幸子・赤堀政夫基金」と改称された。かつて冤罪の確定死刑囚であることを強いられ、再審によって、逮捕から三五年をかけて雪冤を晴らした赤堀政夫氏が、基金を提供して自ら活動に加わることを表明されたからである。「死刑囚表現展」は二〇一五年に一一回目を迎えた。選考は、池田浩士、加賀乙彦、川村湊、北川フラム、坂上香、（途中から）香山リカの諸氏に加え、私・太田の七人によってなされている。

※※ 永山則夫は処刑される直前に、「自分の印税は、世界の、とりわけペルーの貧しい子どもたちへ」との遺言を残した。関係者は、その遺志を実現するために、毎年チャリティ・コンサートを開き、印税にコンサートの収益を加えて、ペルーの働く子どもたちへの奨学金を送り

会は初めての試みだったが、これは当該ミュージアムのイニシアティブによるものである。会期中に、都築響一、北川フラム、茂木健一郎、田口ランディ各氏の講演会も開かれた。特に都築氏は精力的なネットユーザーで、発信力が高い。その伝播力は大きかったと推測される。

メディアの敏感な反応が目立った。「死刑囚の絵画」という、いわば「閉ざされた空間」への関心からか、テレビ・ラジオ・週刊誌などで芸能人や評論家が観に行ったと語り、やがて複数の美術批評家も「作品の衝撃性」を一般紙に書いた。私は二回訪れたが、今回の展示会を通して考えたことは、次のことである。

（一）言わずもがなのことではあるが、「表現」の重要性を再確認した。死刑囚は、いわば、表現を奪われた存在である。社会的に、そして制度的に。その「表現」が社会化される（＝社会との接点を持つ）と、これほどまでの反響が起こる。国家によって秘密のベールに覆われている死刑制度が孕む諸問題が、どんな契機によってでも明らかにされること。それが大事である。一九九七年に処刑された「連続射殺犯」永山則夫氏は、自らの再生のために「表現」に拘った人だが、氏の遺言を生かすためのコンサートは、今年一〇回目を迎えた。※※ 死刑制度廃止を掲げているＥＵは東京事務所で氏の

続けている。二〇一五年には一二回目を迎えた。ペルー事件および永山則夫の遺言については、私の『「ペルー人質事件」解読のための21章』（現代企画室、一九九七年）および『日本ナショナリズム解体新書』（同、二〇〇〇年）を参照されたい。また、詳しくは、大谷恭子『それでも彼に死刑にしますか――網走からペルーへ、永山則夫の遥かなる旅』（現代企画室、二〇一三年）、永山子ども基金編『ある遺言のゆくえ――死刑囚永山則夫がのこしたもの』（東京シューレ出版、二〇〇八年）なども参照。

遺品の展示会を開いて、日本の死刑制度の実態を周知させようとしている。俳句を詠み始めて一七年ほどになる確定死刑囚・大道寺将司氏は昨年出版した句集『棺一基』[55]で、今年の「日本一行詩大賞」を受賞することが、去る七月三一日に決まった。どの例をみても、死刑囚自らが、自分の行為をふり返った、あるいは己が行為から離れた想像力の世界を「表現」したからこそ持ち得た社会との繋がりである。それによって死刑囚も変わるが、社会も変わるのである。

(二)死刑囚の絵画を「作品」として尊重するミュージアム学芸員の仕事であったからこそ、今回の展示会は「成功」した。額装、展示方法、ライティング、築一五〇年の伝統ある蔵を改造したミュージアムそのもののたたずまい——すべてが、それを示していた。

(三)「地方」と言われる場合の多い「地域」社会のあり方について。死刑囚の絵画とは、一般社会からすれば、「異形」の存在である。鞆の浦の船着き場、歴史記念館などの公共施設にも、スーパー、喫茶店などの民間店舗にも、この展示会のポスターやチラシが貼られたり、置かれたりしていた。それは、この町の人びとの「懐の深さ」を思わせるに十分であった。特異な地勢の町だが、行きずりの旅行者の観察でしかないとはいえ、寂れているという感じ

※ ヨアニ・サンチェス(Yoani Sánchez)は、ブログ"Generación Y"やツイッターでキューバ政府と党の指導部に対する精力的な批判を繰り広げている。それをまとめた著書に、*Word Press: un blog para hablar al mundo*, EDICIONES ANAYA MULTIMEDIA, Madrid, 2011. がある。二〇一五年一月に四〇歳で病死したチェ・ゲバラの孫、カネック・サンチェス・ゲバラ(Canek Sánchez Guevara)と並んで、私はキューバから発せられる反体制派の発言として注目してきた。ただし、カネックは二〇代前半にキューバを出国している。主としてメキシコに住みながら、音楽・写真・詩・小説などさまざまな表現活動に携わり、政治思想的にはアナキズムに近い場所から「国家資本主義=キューバ」の体制批判を行なっていた。チェ・ゲバラ死後五〇周年を迎える二〇一七年には、カネックの著作を現代企画室から翻訳・刊行する準備を始めている。

はなかった。私は今年、山陽と道東の市町村をいくつか歩いたが、新自由主義的改革によって地域社会の疲弊が極限にまで行き着いている現実を見るにつけても、その中にあってなお活気を保っている町の例があるとすれば、その違いはどこからくるのだろうという課題として考えたいと思った。

（七月七日記）

諜報・スパイ騒動においても、裏面で作用する植民地主義的論理

七月二日早朝、いつものようにパソコンでtele SURを観ていた。ベネズエラのカラカスを本拠に発信されているテレビ放送のウェブ版である。ラテンアメリカの数ヵ国の共同出資で運営されている。情報大国の通信社・テレビ局・新聞社に占有されてきた国際問題に関わるニュースを地元から発信しようとする試みで、私にとってはそれだけでも貴重な情報源である。キューバの「反体制ブロガー」として有名なヨアニ・サンチェス※が言うような、それゆえに起こり得るかもしれない情報の一面性や歪み（すなわち、政府広報的な性格）は、その受け手が別な局面で対処すべき問題だろう。

(55) 太田出版、二〇一二年

この地域では、いま、かつて圧倒的な影響力を及ぼしていた米国の存在感が薄れ、まさにそれゆえにこそ、「紛争」案件が目に見えて減っている。基本的には平和な状態下で、新自由主義経済政策を批判的に克服し、貧困問題の解決を軸とした社会・福祉政策に重点を置く諸政府が成立している。各国間の相互扶助・協働・友好関係の進展もめざましい。個別に見ていけば、コンフェデレイションズ・カップ開催を批判したブラジルの大規模デモに見られるように、それぞれ重大で深刻な問題と矛盾を抱えていることも事実だが、大局を見るなら、なかなかに刺激的な地域だ。つまり、それは、米国による政治・経済・軍事の干渉さえなければ、ある地域一帯の平和と安定がいかに保障されるか、ということを実証しているにひとしいからである。その意味で、二〇世紀末以降のラテンアメリカ地域は、世界秩序がどうあるべきかという問題意識に照らした場合に、ありうべきひとつの範例である。

さて、七月二日早朝の tele SUR に戻る。天然ガス産出国会議が開かれていたモスクワを発ったボリビアのエボ・モラレス大統領の搭乗機がポルトガルとフランスでの給油のための着陸はおろか上空通過も許可されず、オーストリアのウィーン空港に強制着陸させられたとの急報が報じられていた。

そのためにきわめて危険な飛行を強いられた、とも強調されていた。理由は、モスクワ空港の乗継地域に留め置かれていた米中央諜報局（ＣＩＡ）元職員のエドワード・スノーデン氏が、ボリビアへ向かう大統領専用機に搭乗しているとの噂が流れたせいという。

　オーストリア当局は一三時間ものあいだ離陸を認めず、その間、機内捜索を要求し続けているとの続報もあった。ボリビア側はこれを重大な主権侵害だとして抗議したが、最終的にはオーストリアの入国管理当局職員が、同機内にはスノーデン氏が不在であることを現認し、エボ大統領はようやく帰国できた。

　二〇〇四年に発足したＵＮＡＳＵＲ（南米諸国連合）はボリビア第二の都市コチャバンバで緊急首脳会議を開き、帰国直後のエボ大統領も参加して、今回の事態について検討した。会議の最後に採択された共同声明は、フランス、ポルトガルに加えて同様な態度を示したスペイン、イタリアなど四ヵ国は「二一世紀の今日にありながら、新植民地主義的なふるまいをラテンアメリカの一国に対して行なった」ことに関して、公式に謝罪すべきであると要求したが、スペインは直ちにこれを拒否した。スノーデン氏の搭乗に関して信頼に足る情報があったからというだけで、情報源は明らかにしていない。それが、米国政府筋であることを疑う者はいないだろう。七月五日、南米諸国連合の加盟国であるベネズエラのマドゥロ大統領は、人道主義的な立場からスノーデン氏の亡命を受け入れると表明した。同じ日、中米ニカラグアのオルテガ大統領も、「状況が許せば」同氏を受け入れると語った。

今回の諸事態からは、現代の世界地勢地図がうかがわれて、語弊があるかもしれないが「おもしろい」。諜報・スパイ問題は、もっぱら欧米的な文脈の中で語られている。オバマが居直ったように、どこの国だってお互いに同じ諜報作戦を展開しているのだから「おあいこ」だとする「論理」である（その言い分は、戦時下の「慰安婦」問題をめぐる大阪市長Hの言い分に似通ってくるところが、両者ともに、耐え難い）。その論理を貫徹していくにあたって、欧米では（意識的にか無意識的にか）「植民地主義」がはたらき、その身勝手な世界秩序から排除すべき「第三者」をつくり出していることを見抜くこと。ボリビア、ベネズエラ、ニカラグア——今回の事態の裏側を陰画のごとく浮かび上がらせる国名を観ながら、私の頭には、〈奴らの〉それとは異なる世界地図が描かれていく。

（六月八日記）

歴史を「最低の鞍部で越えよう」とする論議に抗して

学生時代に愛読した文学者、本多秋五の『物語戦後文学史』[56]の末尾に、忘れがたい言葉があった。「批評家よ、戦後文学をその最低の鞍部で越えるな、それは誰の得にもならないだろう」というものである。ことは、戦後文学にのみ関わることではない。いかなる対象物であろうとも、論争の相手であろうとも、そのもっとも低い峰においてではなく、最高の（最良の）地点で越えることを呼びかける声として、私は聞き取った。理想主義にもっともよく憧れる若い時代のことだから、自分はこれを原則としたいものだ、と強く思った。その後、私と同世代の人の文章を読んでいて、本多秋五のこの表現に触れた件を何度か見かけた記憶がある。ひとつの時代を画するほどの、深いメッセージ性を帯びた言葉としてはたらいたのだろう。

従軍「慰安婦」問題をめぐって吐かれ続ける有象無象の政治家や評論家たちの言葉を見聞きしながら、不似合にも、本多のこの言葉をいく度も思い出していた。精神の、倫理的かつ論理的な高みを目指すことのない、「下品な」言葉にそれらは溢れていて、本多が呼びかけた志とは対極にあるものと

（56）一九五八年から『週刊読書人』に連載。単行本は新潮社、一九六六年。現在は岩波現代文庫、全三巻。

して、印象が深かったからである。ここでは、それらの耐え難い言葉を再現するのは最小限に留めたいが、この現象には「時代の記憶」として再度触れないわけにはいかない。

大阪市長・橋下徹が一〇年前に出版した本には、次のような件があるという――自分の発言のおかしさや矛盾に気づいたときは「無益で感情的な論争」をわざと吹っかける。その場を荒らして決めぜりふ。「こんな無益な議論はもうやめましょうよ。こんなことやってても先に進みませんから」(57)。

橋下は、まさしく一貫して、この「論法」に拠って生きていることがわかる。詭弁やすり替えを批判して、もしかして有効になるのは、相手がそれを恥じて改める精神を持つ場合だけである。橋下のように、それを自分の特技として誇示するような人間に対しては、有効ではない（橋下ほどのあけすけな語り口は持たないが、元首相K・Jや現首相A・Sも思想的に同根であることは、その発言歴を辿ればわかる）。問題は、今回の問題についての橋下の弁明※に納得するという人びとが四一パーセントも占めるという「世論」のあり方にある(58)。関西のテレビ局がわざわざ「大阪のおばちゃん」を登場させて「あの人、正しいこと言うたはんのに、周りが騒ぎ過ぎちがう？」と言わせるところにある。前号で述べたように、「外圧」に「抗する」快感を

※　橋下徹大阪市長は二〇一三年五月一三日、大阪市役所で記者団に対し、従軍慰安婦問題について「軍の規律を維持するには当時は必要だった」と述べ、「銃弾が雨・嵐のごとく飛び交う中で、命を懸けて走っていく時に、猛者集団、精神的に高ぶっている集団をどこかで休息させてあげようと思ったら、慰安婦制度が必要なのは誰だって分かる」と語った。さらにまた、大型連休中に米軍普天間飛行場（沖縄県宜野湾市）を視察した際、米司令官に「（米軍兵士は）もっと風俗業を活用してほしい」と求めたことを明らかにした。内外からの厳しい批判を前に、その後、氏は「真意」を明かすための「弁明」を行なった。

生きる「国民」が確実に増えているのである。皮相きわまりない歴史観を披歴し、同時に恐るべき排外主義的な言辞をふりまく橋下などの一握りの政治家が、決して「孤立」しているわけではないという点に、現状の深刻さが現われている。

「最低の鞍部を越える」議論の典型は、「戦場の性の問題として女性を利用していたのは日本軍だけではない」という物言いにある。アメリカ軍も韓国軍も同じではないか、といって「おあいこ」にしてしまいたい心根が透けて見える。これは、第二次大戦において国軍が組織的にこの制度(=性奴隷制)をもったのは、日本とナチス・ドイツだけであったという歴史的事実を捻じ曲げる、根拠なき言い草である。「軍に売春はつきもの」という石原発言はいかにも俗情に阿る物言いだが、「慰安婦は売春婦と同じだ」という水準に問題の本質をすり替えて「性奴隷制」の免罪を意図している。他方、石原たちには「売買春は必要だ」という男社会の「常識」が張り付いている。彼らはこの「常識」を「平時」にも「戦時」にも適用する。後者の時代であれば、食糧や物資が集中する軍隊の周辺に群がって生きるしかない一定の女性たちの「強制された生」には、思いのかけらも及ばない地点で、彼らは発言している。

(57) コラム「筆洗」『東京新聞』二〇一三年五月二六日から重引

(58) 共同通信による調査(二〇一三年六月一〜二日)

半世紀前の本多秋五の言葉が持った意味をあらためて捉え返し、議論をまっとうな水準に据えなおして、私たちの歴史観・世界観を鍛えたいと思う六月である。

（五月一〇日記）

「外圧」に「抗する」ことの快感を生き始めている社会

五月四日付けの北海道新聞は、「三日に政府関係者が明らかにした」というニュース源で、以下の記事を一面トップに掲げた。現首相は二〇一五年に「戦後七〇年」の新談話を発表することを目指している。その際、「戦後五〇年」を迎えて一九九五年に発表された「村山談話」に盛り込まれた「植民地支配と侵略」を認める文言を使わない意向である。アジア諸国に「損害と苦痛を与えた」「反省とお詫びを表明する」という意味では、村山談話と二〇〇五年小泉談話の精神は基本的に引き継ぐものの、「植民地支配と侵略」の言葉は避けて、今後のアジア諸国との友好関係を主眼とする「未来志向」の内容に書き換えたいと考えているというのが、この記事が伝えたことである。

伏線はあった。四月二二日の参院予算委での質疑である。首相は、民主党の白真勲議員への答弁で「安倍内閣として、（村山談話を）そのまま継承しているわけではない」「戦後七〇年を迎えた段階で、安倍政権として未来志向のアジアに向けた談話を出したいと考えている」と語っている。この答弁の裏に隠された真意を探っていたジャーナリストの、いわゆるスクープが、冒頭で触れた道新の記事だったのだろう。

あの男は二年後も政権の座に就いているつもりなのか！——私たちにとっては、悪い冗談としか思えないことも、メディアが行なう世論調査なるものによって高い支持率を得ているからには長期政権が可能だと確信しているらしい本人とその取り巻きには、内心ほんとうに期するものがあるのだろう。前例はある。二〇〇一年から〇六年まで首相であったK・Jも、その新自由主義政策の無責任さにもかかわらず、高い支持率を誇っていた。国会で野党議員が同首相の政策を厳しい言葉で追及すると、当該議員の部屋には「いじめるな」という電話やファクスが、文字通り殺到したと言われた。新聞・テレビも同様であり、それらは、首相に批判的な発言を行なうと抗議の電話とファクスが来るだけならまだしも、購読者数や視聴率の急低下となって如実に反映すると言われたものだった。メディアが権力に対する批判精神を、今までとは格段の差で、急速に失い始めたのは、この時を境にしてであった。

当該の政治家は、もちろん、その言動のすべてにおいて、愚かにも程があるというべき人物だった。メディアの竦み方・怯み方もひどすぎた。だが、なんのことはない、「民意」なるもの、「世論」なるものが、そんな水準で表現される時代が来たのである。そんな時代を作り出してしまったのである。私たちの社会は、派手な言動をする笛吹き童子が現われると、その笛につられて（それが、集団自殺への道だとも知らぬ気に）奈落の底へでも、海の中へでも、喜んでついてゆくようになった。現首相をめぐって立ち現れている昨今の政治的・社会的風景に既視感をおぼえるのは、これが、K・J時代の再現に他ならない一側面をもつからである。

現首相A・Sは、前回首相であったときには、拉致問題と「慰安婦」＝性奴隷問題に二重基準を設け、前者の追及には熱心だが後者の国家責任はできる限り低く見せようと腐心することの矛盾を米国政府首脳や同メディアに突かれ、自滅した。日米安保体制に絶対的な信頼感をもち対米追随政策を展開しながら、歴史的には、米国との全面戦争にまで至った戦時過程や

※　二〇一五年八月一四日、政府は臨時閣議を開き、「戦後70年安倍晋三首相談話」なるものを発表した。これへの批判は、本書全体で行なっている安倍批判がそのまま適用される。

他ならぬ米国の主導性にも与かって形成された「戦後レジーム」に関しては米国指導部の意にも反する再解釈を行なおうとすることの、絶対的な矛盾に自縄自縛されたからである。再登場して以降は、当初こそ、官房長官を盾にしたりしながら、本音を公言することはなかった。だが、地金は隠しようもなく、出てきた。「侵略の定義は、学会的にも国際的にも定まっていない。国と国のどちら側から見るかで違う」[59]とまで、A・S自身が語り始めた。これに対して、近隣アジア諸国からはもちろん、欧州メディアや米国議会・政府の元高官・メディアなどからも「懸念」の声が上がり始めている。

問題は、ナショナリズムに席捲されているこの社会は、いま、自浄能力を欠いた状況にあるということである。「外圧」があればあるほど、これに「抗する」ことへの快感を生きるという一定の雰囲気が醸成されており、それがA・Sを支える社会的基盤である。自らの非力を託つようだが、私たちが抱える問題はそこへ立ち戻ると思う。※

(59) 参議院予算委員会、二〇一三年四月二三日

（四月一三日記）

「日本人の統一」を呼号するのではなく「論争ある分岐を」

（反原発運動について）「戦後ここまで日本人が統一したことはない」。

（会場の日の丸について）「日の丸を見たら身構える世代ですが、今日はそれを掲げる人もいることをうれしく思う」。

三月一一日、原発事故から二周年目の東京集会に、私は別件があって参加できなかった。その集会において、前者は大江健三郎によって、後者は澤地久枝によって、それぞれ語られた言葉であることを私が知ったのは、したがって、事後的なことである。二人のこの発言内容は、ネット上の複数の人たちのサイトを照合して、記した。そのうえでの引用だから、この部分に限ってはほぼ正確なものとして解釈することが許されると思う。だが、全体的な文脈を十分にはたどることができないので、壊滅的な批判は控えて、さしあたっての小さな疑義だけを呈しておくに留めたい。

私はふだんから、「私（たち）＝日本人」を前提にして主語に据える文章を、滅多なことでは書かない。私が否応なく持たされている「日本人」であるという属性が、私のアイデンティティ（自己同一性）を規定しているものとして積極的に援用すべき機会は、私にはないからである。止むを得ず、そのことを認めた地点から発言しなければならないことが、ままあるとしても。ましてや、排外主義的な風潮がここまで社会全体を浸しているとき、「日本人が統一」していることを肯定的に語る原理を私はもたない。「統一」された日本人」が「日の丸」によって象徴されていると呼号する人間が実在する社会に住んでいるからには、そんな場所からは明確に区別されたところにわが身をおいて、この社会の行く末を考え、発言する人間でありたいと思うからである。

私自身も、首相官邸付近をはじめとする各所での反原発行動には何度も参加してきているが、そこにいることの「苦痛」を感じた経験も、数回には留まらない。例を挙げてみる。ある夜、現場に遅く着いた私は、首相官邸に最も近い地点にはいるが、それ以上は行かせまいと阻止線を張る警官隊に封じ込まれている数十人の集団のところへ行こうとしていた。次第に近づくと、先頭でメガホンを口に当てた男が「野田内閣を打倒せよー」と、奇妙な抑揚をつけて唱和の音頭をとっていた。その発声は、明らかに、天皇記念日や閣僚の靖国参拝を批判するデモを行なう私たちに、黒塗りの街宣車から、高性能マイクを使って罵倒を浴びせる職業右翼のものにちがいなかった。奴らは、集会の発題者を察知している時には、その固有名を挙げて「打倒せよー」と叫び、「打倒したぞー」と唱和させ、「叩き出せー」「北朝鮮へ帰れー」と叫びたてるのだから、一度その標的にされた者には忘れようもない口調と発声なのだ。ファシズムの匂いがする声と抑揚とでも言おうか。そこに「日の丸」は翻ってはいなかったが、たとえ「反原発」であろうともこの発声には唱和すまいという私の感性は信じるに値するとだけ考えて、私はその集団に背を向けた。

「左右を超えた脱原発、そして君が代」(坂本龍一と鈴木邦男の対談企画に『週刊金曜日』二〇一三年二月四日号が付した名称)などという言い草が、論議も論争もないままに、「日本人」内部の了解事項となるとき、その外部にはじき出される者が、必ず存在する。「右」はその本質からして、「左」はその無自覚さにおいて、排除すべき「非日本人」を、このスローガンを通してつくり出すのである。このように「統一された」日本人こそ、恐ろしい。そこに翻る「日の丸」に恐怖を感じる「非日本人」が存在することを感受できない感性は、「日本人の内部」からこそ、疑うに値する。

「反原発」運動の内部には、「城内平和」は求めるが原発輸出には何の関心も示さない傾向が厳に存在する。「反戦・平和」運動の内部には戦後一貫して、「憲法九条」と「日米安保体制」を「共存」させる心性が消えることはなかった。沖縄の現状は、その延長上で担保されている。「統一と団結」の呼号ではなく「論争ある分岐を！」——私たちが、いつでも、どこでも、依拠すべきはこの原則である。蛇足ながら、ここでいう「分岐」は「分裂」と同義ではない。

（二月二日記）

アルジェリアの実情を伝える急使は、どこから来るのか？

ここ数年、「革命の通信」ともいうべき、北アフリカはマグレブの急使が途絶えることがない。広場に集まった群衆の中から、らくだに乗って突撃してきた部隊に蹴散らされた人びとの中から、逃亡した権力者の宮殿を占拠した人びとの中から——急ぎの使者がやってきては、何ごとかを伝えてゆく。だが、私たちは、それを聞き取る術を持っているのか？　私たちはすでに、ここ一〇数年来のアフガニスタンとイラクについての報道を経験し、何事をも「イスラム」と括ることで、何か危険なもの、過激なもの、異質なもの——などと仄めかそうとする報道操作に全面包囲されてきた。それから、わが身を分け隔てる知恵を私たちは持っているか？　あまりに歪められた「イスラム報道」に接するたびに、わが身は思わず身構える。

今回のアルジェリアの事態[※]についても同じことだ。かつてなら、アルジェリアの急使は豊富だった。フランス植民地軍脱走兵の証言、植民地軍から拷問を受けた少女ジャミラの手記、解放戦線のスポークスパースンだったフランツ・ファノンの諸著作、そしてジロ・ポンテコルヴォの映画『アルジェの戦い』――植民地解放闘争の息吹を伝える急使が数多くあった。だが、一九九〇年代の凄惨な内戦で一五万人もの死者を出した記憶も消え去らぬ現在、抗争の当事者であった政府にせよイスラム武装勢力にせよ、適任の急使を外部世界に送ることができない。すでに一九年も前にメキシコのサパティスタがインターネットを駆使して行なったような鮮烈な言葉によるメッセージを、今回の「覆面部隊」は発することができないままだ。だが、マリに侵攻したフランス軍の撤兵を要求する言葉だけは明快だった。ここから何がわかるのか？　事態はもはや北アフリカに局限され得ず、西アフリカへと拡大している、ということだ。マリと言えば、数年前に観たマリ・フランス合作映画『バマコ』[※※]は、世界銀行らの国際金融機関がマリに強制した構造調整政策の実態を巧みに告発する内容だった。二〇世紀末から二一

※　二〇一三年一月一三日、「イスラム聖戦士血盟団」がアルジェリア東部、リビア国境に近い場所にある天然ガス精製プラントを襲撃した。同国国営企業や英国BP、ノルウェーのスタトイルなどの合弁企業で、建設には化学プラントの実績が高い日本の日揮も参加していた。多数の人質と共に立てこもったが、アルジェリア軍の特殊部隊が制圧作戦を展開し、三七人の人質と二九人の武装勢力兵士が死亡した。日本人一〇人の死亡も確認されたので、大きく報道された。

※※　アブデラマン・シサコ監督、マリ・フランス合作、二〇〇六年。二〇〇八年に開かれた「東京アフリカ映画祭」でこの映画を観た私は、「世界銀行とIMFを批判するモーリタニア映画を観て」と題する文章を書いた（『テレビに映らない世界を知る方法』現代書館、二〇一三年に所収）。監督のアブデラマン・シサコがモーリタニア生まれ（一九六一年）で

世紀初頭にかけて、ラテンアメリカ諸国に続いてアフリカの国々も、先進国と国際金融機関が主導する新自由主義経済政策の支配下にあったのである。この程度の知識でもあれば、天然ガス・プラント問題を通して、開発による利益を地元に還元するルールはどのようにつくられているのか、あるいはいないのかへと私たちの関心は伸びて、犠牲者の哀しい物語だけで終わらせずに、問題の本質的な膨らみへと行き着くことができるはずだ。

他方、新自由主義に翻弄された社会が、いかに構造的に壊れるものであるか。そのことを、小泉改革以降の日本社会の実情に照らして、私たちは学びつつある。経済生活を破壊された底辺層が、相互扶助の精神が相対的に高いイスラムの人びとの「影響下に入る」ことは見え易い道理である。メディアが好んでやるように「アルカイダが聖戦思想をもってアフリカを侵食している」などという側面だけで、事態を捉えるべきではないだろう。

マリの隣国ニジェールには、フランスの原発推進部門が採掘を手掛ける豊かなウラン鉱がある。現在のところ、東アフリカのジブチにしか軍の常駐基地を持たない米国は、去る一月二八日、ニジェールへの米軍駐留に向けて同国政府との間に地位協定を結んだと発表した。「北アフリカで拡大するテロ組織に対応するために」米軍は偵察用無人航空機基地をニジェール

あり、映画での使用言語が「モーリタニア／バンバラ語、フランス語」となっていたので、「モーリタニア映画」と記した。映画は社会的・政治的なテーマを扱いながら、単なる告発映画に終わることなく、国際資本の「犠牲者」たるアフリカの住民の内部矛盾をも自己批評的に描いていて、見応えがあった。同監督は二〇一五年、「フランス映画祭二〇一五」（東京）に際して、最新作『ティンブクトゥ』（フランス・モーリタニア合作、二〇一四年）が上映されるので来日し、公開での対談にも応じている。そこに参加できなかった私は、「アフリカ・プロモーター」こと ンボテ★飯村のブログ「ぶらぶら★アフリック」http://blog.goo.ne.jp/nbote/e/0ba10478 3e3406d5dc7461b62c18d7f5 で、アブデラマン・シサコが語った内容を知って、映画作家としての彼への関心を深めた。

につくり、三〇〇人程度の要員を駐留させるのだという。またしても、軍事的な対応である。「反テロ戦争」の拡大図を見るために、地図を広げてみよう。アフガニスタン、イラクに始まる「戦線」が次第に西へと拡大し、ソマリアでの「海賊退治」を経て、ついに西アフリカへ至った事実に行き当たろう。それは米国主導の「反テロ戦略」の破綻を意味している。いつでもどこでも軍事に頼る大国のふるまいを「横暴」と捉える非国家組織が同じ手を使って対抗することで、現在の状況がつくられたのだ。

最近、国連事務次長は「ラテンアメリカの経済状況が比較的順調なのは、この地域で武力紛争がほとんどないこと」を理由として挙げた。私はこれを、同地域では米国の影響力が大幅に減退し、その軍事的プレゼンスもほぼ消えて、新自由主義路線を排除して、各国に自主・自立・相互扶助の動きがあるからだ、と読み替える。アルジェリアをはじめ北西アフリカの現実の打開方法を伝える急使は、意外な場所から来るのかもしれない。

銃を「内面化」した社会と、銃の放棄を展望する運動

（一月一二日記）

昨年の暮れも押し詰まった一二月一四日、米国東部コネティカット州の小学校を現場にした銃の乱射事件は二六人の犠牲者を生んだ。その多くは子どもであった。そのため「クリスマスを目の前にして」という情緒的な反応も含めて、日本でも大きく報道された。オバマ大統領も直ちに記者会見を行なったが、途中で声を詰まらせ涙を浮かべる様子も、事細かに報じられた。大統領は、銃規制の方針を打ち出しているが、もちろん、これに反対する銃ロビー団体＝全米ライフル協会（ＮＲＡ）の動きもあって、前途は予断を許さない。

それにしても、この光景を何度見てきたことだろうか。私の世代なら、六〇～七〇年代にベトナムの戦場に派遣されていた帰還兵が、次々と引き起こした乱射事件を思い起こす。生まれついての軍人ではなかったどこにでもいる若者が、兵士になってアジアの人間に対する人種差別意識に基づいた殺人訓練を受けたのちの数年間を戦場で過ごし、やがて帰国できたとしても、彼はもはや、かつて市井に生きていたころの彼ではない。彼は、自らが他国の戦場にいて揮った無制限の暴力を自国へ持ち帰るほかないの

である。そのことを、ダグラス・ラミスは「戦争が帰ってくる」と、的確にも名づけた。※

今回事件を引き起こした人物は元軍人ではないようだ。だが、三億丁の銃がひしめくと言われる米国社会である。「銃の所有は開拓以来の自主独立精神の象徴だ」とするＮＲＡの主張が、むごい乱射事件が起きたときだけ「銃規制派」に中途半端に転向するオバマ的な人物を含めた広範な人びとの支持をふだんは受けているからこそ、この現実が生まれていると解釈すべきであろう。オバマは、確かに、城内秩序を乱した実行者には怒りを見せ、いたいけな犠牲者を悼んでみせた。同時にオバマは、この同じ銃を、否、殺人能力にはるかに長けたミサイルや無人爆撃機を、「反テロ戦争」の名の下にアフガニスタンやパキスタンやイエメンのような城外では使うことをきょうも指令し続けているのである（つい先日まではイラクでも）。銃を何の疑問も持たずに使用することは、あの社会の人びとの中で、価値として「内面化」しているのだ。「内」で起こった殺人事件に涙を流したその日にも、「外」に向けては殺戮指令を出す人物の偽善性は、そんな社会にあっては、経済合理性に基づいた主張を持つ銃規制反対勢力の現実性を前に、膝を屈するしかない。

※　ダグラス・ラミスがこの考えを述べている書物は多々ある。論理構成は次のようになる。米国は南北戦争以後すべての戦争を海外で済ませ、国内に戦争が入ってこないようにする戦略を持っている。だが、海外の戦争で人殺しに慣れた兵士が帰国すると、国内の社会も戦場の価値観の影響を受ける。絶えざる戦争で、人を簡単に殺せる人間を何百万人も内部に抱え込んでいるから、米国では殺人・強盗・強姦・ギャング間の抗争が多い。したがって、囚人も多い。社会の暴力化を問題にする人間はいるが、それを軍隊や戦争と関連づけると米国が重視してきた価値観の根底を揺るがせてしまうので、「戦争の暴力が国内に帰ってくる」というラミス説は、ほとんど議論されない。例えば、ダグラス・ラミス『なぜアメリカはこんなに戦争をするのか』（晶文社、二〇〇三年）を参照。

※※　その実態は、ヨアン・グリロ『メ

その米国と国境を接して南に位置するメキシコからの、二つのニュースに注目したい。ここ数年は麻薬をめぐる暴力事件が絶えることはない。麻薬の最大の消費国＝米国があってこそ、それに付け入ったマフィアが、コロンビア、ペルー、ボリビア、パナマなどを原産国および経由国として利用してきたのだが、昨今はその最前線がメキシコに移動したようだ。※※けだし、米国の暴力性は軍事面にのみ現れるのではない。経済的な消費＝供給構造を規定する力にも如実に現われる。だが、ここではメキシコ南東部に目を移して、そこからのメッセージに注目したい。マヤ暦に基づいて「世界終末の日」と騒がれた一二月二一日、高度消費社会の人間たちが好奇心に駆られて、「過去」としてのいくつものマヤ遺跡の周辺に群がった。同じ日、チアパス州で「現在」を生きるマヤの末裔たちは、四万人から五万人とも言われる老若男女の塊となって、主要五都市の中心広場を沈黙の裡に占拠した。全員が黒の目出し帽を被っていた。一九年前に、グローバリゼーションの趨勢に異議申し立てを行ない、武装蜂起したサパティスタ民族解放軍（EZLN）の自主管理区に住まう人びととの群れであった。沈黙の広場占拠と行進によって、一九年間に及ぶ持久的なたたかいの現状を表現する象徴的な行為であった。武器は捨てて、政治＝生活＝文化の全領域でこそ

キシコ麻薬戦争——アメリカ大陸を引き裂く「犯罪者」たちの叛乱』（山本昭代訳、現代企画室、二〇一四年）に詳しい。

たたかいを継続したいというその路線を端的に表現したものであった。マルコス副指令の短いメッセージは言う。「関連するひとびとへ　聞こえただろうか？　これは君たちの世界が崩壊する音だ。我らの世界が復興する音だ。その日はかつて日中でも夜であった。そして、夜という日は、いつか日が明けるのだ。民主主義！　自由！　正義！」。いかにもサパティスタらしい修辞ではある。※

　銃の意味を徹底して考えることを放棄している米国社会。武装蜂起はしたが、当初から武器と戦争のない未来社会の夢想を公言していたサパティスタ——去る一二月中旬の二つの対照的なニュースは、いずれも深く示唆的であった。

※　以下に、ラジオ・サパティスタの報告記事がある。http://radiozapatista.org/?p=7402
コミュニケ全文（スペイン語）などは、以下で読むことができる。http://enlacezapatista.ezln.org.mx/2012/12/21/comunicado-del-comite-clandestino-revolucionario-indigena-comandancia-general-del-ejercito-zapatista-de-liberacion-nacional-del-21-de-diciembre-del-2012/

第 3 章　国家ではなく〈妄想〉に賭けて

（Aug. 2012 — Sep. 2015）

I　フライデー・ナイト・フィーバーの只中で／あるいは傍らで

二〇一二年八月

M　三月末に三〇〇人から始まった、首相官邸前での毎週金曜日夜の反原発行動は、現政権が原発再稼働方針を明言したころから、参加者が一気に増え始めている。主催者の発表では、その増え方は、三〇〇人→一〇〇〇人→二七〇〇人→四〇〇〇人→一万二〇〇〇人→四万五〇〇〇人→二〇万人……となっている。君もよく顔を出しているというが。

O　今までなら、金曜日の夜というのは、けっこう予定が入っていて、二回に一回程度しか参加できていなかった。事態が変わったので、これからは金曜日の夜はできる限り空けておき、現場に行くようにしようと思っている。

M　集会やデモなら、公安条例に即して言えば、届け出を出して「許可」を得ることになるが、あれは自然発生的にひとつの場所に集まって、並んで抗議するわけだから、憲法の原則「移動の自由と表現の自由」から言って、警察も本来は規制できない。防衛庁（現防衛省）や外務省や法務省などの前でなら、以前からさまざまな団体が行なってきたことだが、今回は参加者の規模があまりに大きくなったので、従来とはまったく異なる性格と意義を帯びるようになったのだと思える。率直に言って、君はどんな感じを持っているの、あの集まり方に。

O　この行動を呼びかけているのは「首都圏反原発連合有志」だが、先行する例のない、まったく新しい運動形態を作り上げていると思う。もともと中心を持たない運動である。明確な指導部が存在する場合には、指導部の方針に従って運動が〈一なるもの〉としてまとまることを求めがちだが、それもない。私としては、組織論的にいって、異議はない。むしろ、賛成だ。この形態は、呼びかけ団体が作り出したというよりも、各回の参加者の総意が作り上げている、と解釈するのがいいのだろうけれど。

M　「現場では混雑するから、事故を起こさないようにボランティアスタッフや警察官の誘導に従いましょう」とか、帰るときには「警察官の人たちにも、できれば『お疲れさま』の一言を」とか呼びかける姿勢が物議をかもしていると聞いた。また、行動終了時刻の夜八時になると、時には警察車両の高性能マイクを使って、主催者が「解散」を呼びかけることもあったという。なお立ち止まって抗議を続けようとする人びとからは、それに対する罵声がとんだとも聞いたし、またツイッター上の別な情報によれば、そのとき警察車両の上に乗ってマイクを握っていた人は、デモ隊に解散要請を行なったばかりではなく「再稼働反対!」のコールも呼びかけていたのだから、なかなかのしたたか者だったという弁護論も見かけた。

O　正直なところ、広場でもない場所に一〇万人以上も集まると、全体像を把握できる人はいないと思う。噂話は私の耳にもいろいろと入ってくるし、ユーチューブで確かめたりもするが。いま君が言ったことのなかで、前半部はその通りだ。警察官の誘導に従ってとか、警察官にも「お疲れさま」の一言を、という呼びかけは、チラシそのものに書かれている場合もある。警察が鉄柵や警察車両を使って、官邸近くの特定の地帯から人びとの排除を始めたときには、私もそれには抗議して、この先へ行かせよ、と求めた。私はまだ周囲の人間から咎められてはいないが、警官隊の措置に抗議する人に対して、これを非難し「やめなさい」と止める声が、デモ隊のなかからよく上がるのだという。私なら、「皆さんの安全を願っての措置です」と警察官がいう阻止線の設置はかえって危険なものだと思うし、デモ隊を分断して全体像を見えなくさせるのは弾圧の一方法なので、抗議そのものを止めるつもりはない。デモ隊の中には、警官隊や、随所でデモ隊を待ち受けていては日の丸を振りながら罵声を浴びせる在特会や「草の根右翼」に対して、同じ水準の口汚い罵声を投げ返す人もいて、それがデモ隊の仲間の間から発せられることが耐え難いことは身に沁みているから、態度や言葉遣いには気をつけているが。

同時に、以下のことは付け加えておきたい。警官隊との余計な軋轢・摩擦・対立を避けたいと思って、私から見れば必要以上に抑制的になっている人の心には、こと反原発問題についてなら、ひとりひとりの警察官をこちら側に呼び寄せることができるのではないか、という希望があるのではないか。「敵」の巣窟とも言える軍隊や警察の内部から、寝返ってこちら側に越境してくる人を生み出すこと——生易しいことではないが、古典的とも言える、価値あるその試みをしているのだ、と。若い日、埴谷雄高の政治論『幻視のなかの政治』(60)を通して、「敵を味方に転化する」ための、気が遠くなるような長い時間をかけた努力の過程を学んだ者としては、その思いは掬い取りたい気持ちがしている。

M　いまの話を聞いていると、思い出すことがある。一五年ほど前のことだ。私は、先住民族問題や国外の解放運動とそれに連帯する運動をめぐってけっこう頻繁に討論集会を呼びかける側にいた。そこには、もはや息も絶え絶えになっていた政治党派の人びとがよく来ていた。某党派の人物たちは、討論の時間になると必ず挙手して、その日のテーマとは直接には関係しないことがらを取り出しては、「労働者国家擁護」という無内容な立場からの論議を延々と行なうのが常だった。そのスタイルがわかった私は、彼／女らが発言していつもの逸脱を始めると、司会をしていても発題者として質問を受ける立場にいても、厳しく批判して、その発言を止めさせた。すると、集会アンケートなどを通して、次のように言われたりした。「あの種の発言に対して苛立つMさんの気持ちはわかるが、今の人びとはあのような激しい言い合いに慣れていないから、退いてしまうかもしれない。やり方を考えたほうがいいです」。直接の知り合いからは、こう言われた。

「ああいう場面になるとドキドキします。面白そうという気持ちもあるけど、これから一体どうなるのだろう、と緊張します」。それは、いわば、その場の雰囲気としては「浮いていたかもしれない」私のことを心配しての、友情ある説得であるように思われた。言葉を換えれば、それは、私たちの世代の運動が次世代に遺してしまっている過激なるもの、「暴力の記憶」なのだろうか。内ゲバ、連合赤軍の同志殺し、デモ隊と機動隊との衝突、爆弾による死者、激しい言葉遣い——個々人がどこまでそれに関わっていたかとは関係なく、今となっては、「あの時代の遺産」はこんなものとしてしか記憶されていないのだろうか?

デモや大きな集会やストライキの記憶といえば、六〇年安保か七〇年安保の時代にまで遡らなければならない。六〇年安保は、確かに敗戦後一五年目の段階での大きな大衆的闘争だったが、ひとつには所得倍増計画によって、いまひとつにはヤマトから削減された米軍基地を沖縄に押しつけることによって、収束させられた。六八年の全共闘と七〇年安保は、確かに君も言うように、その時代を直接には知らない世代によって「無惨な暴力」の時代として刻印されているのだと思う。しかも、六〇年代の経済成長

(60) 中央公論社、一九六〇年。新しい版に高橋順一解説、未来社、二〇〇一年がある。

を引き継いで、その後は高度消費社会が実現していく過程に入り、豊かな社会に人びとは生きるようになった。加えて、「正義」を求める過激な運動がどこへ行き着いたかを人びとは見聞きしていたこともあって、政治・社会・経済上の、多少の矛盾や不正義には目を瞑る、脱政治の時代が長く続いた。その後に行なわれた新自由主義的な改革や冷戦構造の崩壊の過程で、戦後革新の象徴ともいえる総評と社会党は解体に追い込まれた。正規雇用を前提として成立していた企業内組合の旗がはためくデモや集会は、すでにほぼ消えて、なくなっていた。

M　君の話を受けて言うと、大学生のなかには、デモやストライキって非合法ではないのですか、と尋ねる者がいると大学教師が嘆いていたのは、もう一〇年近く前のことだったろうか。日本社会はそれほどオメデタイ状況になっていたのだ。二一世紀に入って小泉政権の下で新自由主義改革は完成した。デモ非合法論を唱えていたのかもしれない元学生を待ち受けていたのは、非正規雇用と失業の時代だった。だから、フリーターや派遣労働者が主体となって、音楽を流しながら街頭を歩くサウンドデモが大都会で行なわれるようになった。歩道でデモを見ていた若者がデモ隊に合流するなどの、絶えて久しく見られなかった光景が現れたりもした。だが、そのような合流を怖れた機動隊の隊列が、デモ隊を取り囲むようにして厳しく規制した。サウンドデモは、新しい果敢な試みだったが、デモ隊は、歩道の群衆からは「切り離されて」いた。

○　その意味では、首相官邸前に詰めかける人の数が増えることで、デモ隊が封じ込められていた歩道から車道にあふれ出て、そこを占拠するという現象がときどき起こっているのは興味深いことだ。しかも、暴力を伴っているわけではない。警察がどれほど阻止線をつくろうと、「抗議エリア」なる地帯を飛び地のように設けてデモ隊を分断しようと、それを無効にしてしまうほどまでに人びとが集まってくれば、阻止線を張っていた警察の警備車両もおのずと姿を消していく。それが実現したときの人びとの笑顔は印象的だ。自分の顔だって、明るくなる。私は、ふだん乗っている電車内の光景と官邸前の光景を、よく対比的に思うことがある。混み合った電車内では、譲り合いもないわけではないが、見知らぬ他人と身体を接触させている緊張感と不機嫌さが溢れている。隣の男が何を考えている人間かは、まったくわからない。油断も隙もない。だから、交わされる言葉もない。押されると、すぐ押し返す。官邸前では、見知らぬ人であっても同じ思いでここにいるという信頼感をもつことができる。立つ場所も譲り合う。自然に、言葉が交わされる。大勢だ、ということも安心できる要素だ。知人にもよく会う。政府の方針に抗議するという政治的な行動が、これだけの「楽しさ」を伴っている。日常生活では味わうことのない「解放感」もどこかで感じる。週一回という頻度で行なわれている官邸前行動への参加者が増え続けているのは、ここにあるような気がする。それを実現しつつあるのだから、この行動の発案者たちは、すごい仕掛けをしたと思う。

M　よいことばかりだろうか。先日、ある友人が言った。「いまの運動に問題点があるとすれば、またしても被害者意識に依拠した運動だということではないだろうか。原水爆禁止運動もそうだったが、自分が被害者になる、あるいはその恐れがある、という場所にいてはじめて、日本社会では運動が盛り上がる」。

琉球の友人が言ったことだから、私の受け止め方では、この言葉には、米軍基地の被害（重圧）の過半を沖縄に押しつけることで、自らは被害者意識を持たないヤマトへの批判が込められている。被害者意識のないヤマトでは、したがって、米軍基地撤去の課題にも、それに結びつく日米安保条約破棄の課題にも、関心は著しく低い。憲法九条は守りたいという気持ちと、近隣諸国の脅威があるから日米安保で米国に守られていると安心という意識がヤマトでは共存している。自分が被害者にならなければ、ある深刻な問題についての関心も沸かない状況はどういうことなんだ、という問いかけがある。

O　確かに大事な問題が孕まれているが、それは、運動・活動の過程の問題として考えればよいのではないか。政府・官僚・財界・東電・原子力の専門家たち——これらの連中が、起きている悲劇的な現実を無視して再稼働に向かって動き始めてしまった以上、再度の原発事故を「恐れて」反原発・脱原発の運動が高揚することには十分な根拠がある。実際に現場に来て、集まっている人びとの多様性——年齢、性差、社会層——を見るだけで、いまこの社会がどんな状態になっているかが分かる。この対話でも垣間見てきた時代の変化も、現実に即して理解できる。これだけ多くの人びとが、官邸前に定期的に集まって抗議活動を続けることで、そこに参加している人びとの間で、時代の変化と現状に関する認識が深まっていくというのは大変なことだ。楽しさや解放感がある時の、人間の学び方は、広い。深い。早い。「被害者意識に依拠できるときしか、この国では運動が盛り上がらない」という批判もよし。誰もが、百家争鳴のようにものを言い合い、互いにそれを尊重しつつ〈共同の空間〉をつくりあげればよい。事実、先ごろからは、主催者の指揮から離れた別な場所で、独自の抗議活動を行なう集団も生まれている。これは、相手を罵倒することも否定することもなく、たたかうための〈共同の空間〉をつくりあげる努力だ。

私が、もうひとつ持っている希望の根拠は、次のことからきている。私が住んでいるのは、東京西部にある私鉄沿線の市だ。五つの駅を利用できる、比較的広がりのある都市で、人口は一九万人だ。そこでも、昨年の「3・11」以来、二ヵ月に一度程度の頻度で、集会とデモが行なわれている。私はそこへもほとんどすべてに参加してきた。都心のデモと違って、道行く人がはるかに身近になる。それぞれの駅付近を起点にすると、五通りの行進ルートがある。それぞれの駅でのビラまきに先だって参加したら、次回のビラまきの日程が書きこまれていて、「○○駅前を首相官邸前に！」などという文言があった。余談になるが、思わず、一九六八年の懐かしいスローガンを想起させるものだった。米原子力空母エンタープライズの佐世保入港阻止闘争の時にまかれた「エンタープライズを戦艦ポチョムキンへ！」という文言のアジビラだ。それはともかく、都会の「空虚の中心」というべき首相官邸前における行動では、戻っていく居住地における行動の裏づけも持つ人が多いことが重要だ。居住地での生活と切り離された地点で、都心の国会や官邸や諸官庁への行動だけが行なわれているわけではない。集会へ行くと、地域ごとのデモの呼びかけが多い。私自身も、従来は、労働と活動の時間割の制限上、できなかったことだ。休日に行なわれる大規模な集会・デモの時には、明らかに同じ目的をもって同じ私鉄駅から乗る人も目立つようになってきた。従来の日常とは異なる兆しは、社会・政治のレベルで、至るところに見られる。首相官邸前での定期的な行動の重要性を思いつつも、そこだけで終わっていないことが大事なことだと思う。

M　君は「フライデー・ナイト・フィーバー」の只中にもいるし、同時に、少し逸れた傍らの視点も持っているということかね。

Ⅱ　日本の現在地*

二〇一三年七月

私たちはいま、現代資本主義という怪物がたどりついた頂点の時代を生きています。新自由主義経済とグローバル化が生み出した世の中は、実にすさまじい。

多くの若者たちが熾烈な競争の中にたたき込まれ、ろくに休みもとれない低賃金の長時間労働にさらされています。精神的に追い込まれながらも、みんな耐えている。それが大変な問題とされない社会になっている。しかも経営者は涼しい顔をしているのです。

本来なら、公正な社会の実現を求める左翼運動が支持を広げるチャンスなんでしょう。しかし現実には、もはや左翼は消滅したも同然です。僕らの言葉は若者たちの胸に響かない。それどころか、左翼は時に彼らの批判の対象にすらなっています。

※　これは、二〇一三年参院選を前に、担当記者によるインタビューに基づいて構成されたものである。「日本の現在地・下」と題された構成記事で発言しているのは、「一水会」代表・木村三浩氏と私である。以下のリード文がある——右翼の立場から「正義」を、左翼の立場から「公正」を追求してきた2人はともに、この日本社会の現状に呆然としていた。でも誰かのせいにはしない。自分の責任として引き受け、考える続ける2人に聞いた、日本の現在地。
なお、七月一三日付の「日本の現在地・上」には、元「北朝鮮による拉致被害者家族連絡会」事務局長の蓮池透、絵本作家の五味太郎の両氏が登場している。

ソ連崩壊が契機

なぜなのか。ひとつには、僕らの時代と違って今の若い人は社会主義への幻想が皆無だからです。

僕が高校生のときにはキューバ革命、大学生のときにはアルジェリア独立革命が起き、欧米中心の世界地図を革命勢力が塗り替えていました。新しい歴史が刻まれていくのを同時代に体験し、よりよい社会の実現に夢を抱いた多くの若者たちが、左翼の陣営に走ったのです。そこには「新しい時代が来る」という希望がありました。

しかし、ソ連崩壊は社会主義の理念と実態があまりにもかけ離れている現実をさらけだした。日本でも左翼は分裂に分裂を重ね、内ゲバなど陰惨な抗争が起きました。それでもなお、左翼が踏みとどまろうというのなら、厳しい自己批判と新たな試行錯誤を始めなければならなかった。

ところが特に日本では、そんな姿が人々の目に見えなかったんじゃないでしょうか。これは僕らの世代の責任が大きい。旧来の左翼って、やっぱり自己批判ができないんです。自分は正しいという確信の、あまりの強さによって。使命感の裏返しではあるのですが。

日本は産業構造が大きく変化し、少子高齢化も進んで新しい時代を迎えています。私たちはかつてのような「経済成長第一」の考え方自体を見直すべき時期に来ているはずです。いったんは解決したと思われた貧困問題も再び浮上し、中堅の働き手も高齢者も子どもも、それぞれつらい状況を生きている。問題の根がどこにあるのかをよく見極め、具体的な解決策を打ち出していくのが、本来の政治のあるべき姿でしょう。

ところが安倍政権は、目の前に山積している課題を放置しながら、矛盾を糊塗するかのように外に「敵」をつくり、ナショナリズムをあおっている。「日本を取り戻す」という威勢のいい言葉で目くらましにしようとしている。

残念ながら、社会全体が抵抗力を失っている感じがします。メディアの批判的な言論もすっかり衰退しました。社会はここまで、むざむざと壊れるものなのかと、呆然とすることもあります。

新しい運動模索

もともと無政府主義に惹かれていた僕は、党や組織を絶対化することが諸悪の根源だと考えていましたから、無党派ラジカルの立場からイラク派兵阻止や反安保など様々な社会運動にかかわってきました。ソ連崩壊は抑圧的な社会主義の崩壊であって、広い意味での社会主義思想が再生するためにはプラスだと評価する立場です。

だからこそ、ますます非人間的になっていく状況を人間の理性がいつまでも放っておくとは思わない。批判の理論と実践が人々の間から生まれないはずがない。こういう時代だからこそ、左翼は再登場しなければならないんです。

そんな芽はどこにも見えないじゃないか。一体どこにあるんだと言われれば、確かにそうかもしれない。でも失敗に学び、どうすれば「権力を取らずに社会を変えられるか」という問題意識は生まれています。反権力ではなく、非権力・無権力の立場から新しい言葉、新しいスタイル、新しい社会運動の模索が始まっています。それは、大きな希望です。

いま世界をおおっている現代資本主義は、五世紀かけて形成されてきた強靭なシステムです。これを批判する思想と運動が、いったん敗北した後によみがえるには、まだまだ時間が必要なのです。

（聞き手＝萩一晶）

Ⅲ　マンデラと第三世界

二〇一四年三月

1　武装闘争

ネルソン・マンデラの死が報じられた日、この国では「特定秘密保護法」なる、驚くべき時代錯誤の法案が参議院で強行採決された。これを主導した首相A・Sは、マンデラ逝去への思いを記者団に問われ、「アパルトヘイト撤廃のため強い意志を持って闘い抜き、国民和解を中心に大きな成果をあげた偉大な指導者だった。心からご冥福をお祈りしたい」と述べた。この発言に限らないが、自らが発する言葉の〈白々しさ〉にこれほどまでに無自覚かつ無神経な人間も珍しい。米国大統領をはじめ欧米諸国の政治指導者からも、マンデラ賛歌の言葉が途切れることなく溢れ出た。それは、あたかも、ネルソン・マンデラを二七年間ものあいだ、ロベン島の独房やケープタウン郊外のポルスモア刑務所に閉じこめたアパルトヘイト体制を支え続けていたのが、自らが属する日欧米の二〇世紀資本主義列強であったことなど知らぬ気の、何の痛痒も感じられない、あっけらかんとした言葉遣いでなされた。

マンデラの全体像のうち、自分に都合のよい一部分だけを切り取った過剰な賛辞が氾濫する中で、各国首脳の弔辞においてもメディア報道においても、徹底して無視されているいくつかの史実に注目すること自体が意味をもつだろう。

ひとつ目は、マンデラの初期の出発点を「非暴力主義」の殿堂に封印するのではなく、結果的には未完に終わりはしたが、同時代のフランツ・ファノン、パトリス・ルムンバ、ベン・ベラ、クワメ・エンクルマ、アミルカル・カブラル、そしてチェ・ゲバラなどが、個別にではあったが多様な形で構想していた「アフリカ革命」へと向かう、解放の思想と運動の大きなうねりの中に位置づけることである。同時に、彼が生涯もち続けた「非暴力主義」の信念にもかかわらず、次のような一時期をもったことを、その閲歴の中に刻印することである。

一九六一年一二月一六日、南アフリカはジョハネスバーグとポート・エリザベスの発電所、郵便局、官庁など一〇ヵ所で同時爆発事件が起こった。それと同時に、各地で武装抵抗組織「ウムコント・ウェ・シズエ（民族の槍）」

の創設を宣言するビラが貼り出された。前年の一九六〇年三月二一日、ジョハネスバーグ南の工業都市フェレニギア郊外のシャープビルでは、アパルトヘイトを支えるパス法の廃止と最低賃金を要求する五〇〇〇人ほどの人びとが集まっていた。そこへ、警備の警官隊が突然発砲した。発砲は複数回続き、最後は狙い撃ちで、六九名が即死、一八六名が負傷した。平和裡に行なわれていた示威行動が、このような仕打ちを受けたことが、伝統的に非暴力主義を堅持してきたアフリカ民族会議（ＡＮＣ）が武力闘争に転換した大きなきっかけとなった。武力闘争が行なわれた日の声明は述べている。「われわれは、流血と内戦なしに解放を達成しようと終始努力してきた」が「人民の忍耐には、かぎりがある。いかなる国民の生活にも、ただ二つの選択――屈服か戦いか――以外にない秋がくる」。

マンデラは、のちの法廷で陳述するように「ウムコント・ウェ・シズエの創設を手伝った一人であり、一九六二年八月に逮捕されるまでは、そこで指導的役割を果たしていた」。

しかも、マンデラは、ウムコントの活動開始から一ヵ月足らずの一九六二年一月、南アフリカを密出国し、エチオピアのアジス・アベバで開催された「中央・東・南方アフリカのパン・アフリカ解放運動（ＰＡＦＭＥＣＡ）」

会議に地下のアフリカ民族会議を代表して出席している。一九六〇年の西アフリカ地域での旧フランス領植民地一七ヵ国の独立、アルジェリア解放闘争の進展などを具体的な背景として、確かにこの時期には、「アフリカ革命」が「後退不可能な状況」を創り出している（これは、フランツ・ファノンが『革命の社会学』(61)で用いた表現である）という状況認識が、解放・革命のために活動する人びとの中でひろく共有されていたことが分かる。会議への出席以外にも、マンデラはいくつかの任務を果たしている。アフリカ諸国を回りゲリラ兵の訓練基地をつくること、闘争資金を獲得すること、解放後に行政任務を担う若者の留学を要請すること、などである。マンデラがこのような構想を共に担う、総体としてのアフリカ解放運動の枠内にいたこと、この事実を確認することが、一九六〇年代初頭の時代認識として決定的に重要だと思われる。

ふたつ目は、マンデラがキューバやパレスチナに対して抱いていた思いを浮かび上がらせることである。マンデラは監獄から釈放されて間もない一九九一年、革命記念日の七月二六日にキューバを訪れている。キューバは一九七五年から九一年にかけて総計四二万五〇〇〇人に及ぶ兵士を、南アフリカ共和国の近隣国・アンゴラに派兵している。長い闘争の果てにポ

(61) 『フランツ・ファノン著作集第二　革命の社会学——アルジェリア革命第五年』宮ヶ谷徳三、花輪莞爾訳、みすず書房、一九六九年。新装版として『革命の社会学』宮ヶ谷徳三、花輪莞爾、海老坂武訳、みすず書房、二〇〇八年がある。

ルトガル領植民地から独立を遂げた社会主義国・アンゴラに、まだアパルトヘイト体制下にあった南アフリカ共和国政府は兵を送り込み、体制の転覆を企てた。近隣国における革命的な高揚は、自国のアパルトヘイト体制をも揺るがす可能性を秘めていることを、彼らは敏感に察知したのである。内戦も激化し、アンゴラ政府は友好国・キューバに派兵を依頼し、これにキューバ政府が応えて支援部隊を派兵した。この派兵問題については多角的な観点から検討したい重要課題がいくつもあるが（そのための萌芽的な問題提起を、私は一九九八年に書いた「第三世界主義は死んだ、第三世界主義万歳！」[62]で行なった）、それは別な機会に譲り、ここではマンデラの観点からのみ書くに留めたい。

マンデラは、キューバ革命が帝国主義による度重なる妨害を克服して、とりわけ医療、教育などの分野で重要な成果を上げていることを強調した後で、キューバが一貫して国際主義的な任務を果たしていることに注目している。とりわけチェ・ゲバラの革命的な遺訓に触れて、「他ならぬ我が大陸における活動も含めて、あまりにも力強いものだったので、検閲に勤しむ獄吏といえどもすべてをわれわれから覆い隠すことはできなかった」。「にわかには信じられないような規模のキューバの国際主義者たちが、アンゴラ人民支援のために派遣されたと最初に聞いたとき、私は獄中にいた。アフリカにすむわれわれは、いつも、われらが領土を侵略したり主権を転覆しようとしたりする国々の犠牲にさらされてきた。われわれを擁護しようとする、他地域の人びとがいたなどとは、アフリカ史上初めてのことである」。アパルトヘイト体制がアンゴラに派遣した軍隊をキューバの部隊が打ち破ったキート・クアナバールの戦闘が、アンゴラの勝利とナミビアの独立にとっての決定的な要素であったことを強調した後で、同時にそれは「白人抑圧者の不敗の神話を打ち砕く」ものであり、「南アフリカの内部でたたかう人びとを鼓舞した。あそこで人種差別の軍隊が敗北したからこそ、われわれは、今日、こうしてここにいるのだ」。キューバ兵のアンゴラ派兵に関しては先に述べたように、私には総合的に分析したい問題が残っている。しかし、マンデラからすれば、それは、南アフリカ民衆がアパルトヘイト体制から解放される道を、速度を速めて用意したのである。

パレスチナ解放闘争に寄せた支援も含めて、マンデラの思想と実践には、このように、日欧米諸国の首脳には本質的に受け入れがたい性格のものが確固として貫いている。それを明確に押し出し、彼らによる囲い込みからマンデラを救い出すこと。それが、ここでの第一義的な課題となる。

(62) フォーラム90s研究委員会編『20世紀の政治思想と社会運動』社会評論社、一九九八年に所収。その後、太田昌国『チェ・ゲバラ　プレイバック』現代企画室、二〇〇九年に再録。

2 真実究明・赦し・和解

二〇世紀に現実に存在した社会主義体制（あるいは、社会主義を自称しないとしても、第三世界のいずれかの国がいわゆる民族解放なり独裁体制打倒を成し遂げた後の体制）下で生じて、私の関心を惹く問題のひとつは、それが旧体制の指導部をいかに処遇したかということである。とりわけ、民衆および反体制活動家に対する弾圧を指示・命令した大統領や首相、弾圧の先頭に立った軍隊と警察の治安部隊員に対して。

作家・埴谷雄高は、政治の本質を考察した文章で次のように述べている。

これまでの政治の意志もまた最も単純で簡明な悪しき箴言として示すことができるのであって、その内容は、これまでの数十年のあいだつねに同じであった。

やつは敵である。敵を殺せ。

いかなる指導者もそれ以上卓抜なことは言い得なかった。(63)

私は、一九六九年に始まり七〇年代じゅう続いた、いわゆる新左翼党派間の陰惨きわまりない「内ゲバ」の実態をメディア報道で見たり、当該党派の機関紙でその「赫々たる戦果」が高揚した調子の文章（それは、革命軍の「軍報」と呼ばれていた）で書かれていたりするのを読んで、胸も潰れる思いを抱えていた。私は、それらの党派の発想や行動に共感を覚える立場にはなかったが、それにしても、「社会革命」の初心から始まったはずの活動がそんな地点へ行き着いていることへの絶望感は感じていた。

だが、同じころ、たとえば、ボリビアの小さな村の農民、オノラト・ロハスの死の報を知って、「それは当然だろう」という思いを私が抱いていたことを隠すつもりはない。一九六七年、オノラト・ロハスは、自分が住む村の周辺に見かける「怪しい人間たち」の存在を政府軍に通報した。それは、チェ・ゲバラ指揮下のゲリラ隊員であった。これをきっかけにボリビア政府軍はゲリラ隊への包囲網を狭め、次第に彼らを「敗北」へと追い込んでいった。のちに、残存していたゲリラ隊員たちがオノラト・ロハスに対する報復的な処刑作戦を実行した報に接して、当時の若い私は右の感想を抱いたのである。

だが、考えてみれば、オノラト・ロハスは、ひとりの貧しい農民であっ

（63）「政治のなかの死」『中央公論』一九五八年一一月号。のち『幻視のなかの政治』に所収。注（60）参照。

た。遠く離れた国に住む私が、その生活の実態も知らずに、イデオロギー的な立場から「やられたら、やりかえせ」とばかりに断罪できるようなことがらではなかった。私がこのような陥穽から抜け出るきっかけとなった理由はいくつかあるが、わけても、一九七九年以降、革命のニカラグアから届いたひとつのニュースは印象的だった。政権に就いたサンディニスタが、旧独裁政権時代の弾圧や拷問の実行者たちを前に、死刑を廃止するという宣言を行なったというのだ。古参のゲリラ兵で、革命後は内相の座にあったトマス・ボルへの言葉によって説明してみる。「戦いが終わって、私を拷問した者が捕えられたとき、私は彼らに言った。君らに対する私の最大の復讐は、君らに復讐しないこと、拷問も殺しもしないことだ。私たちは死刑を廃止した。革命的であるということは、真に人間的であるということだ。キリスト教は死刑を認めるが、革命は認めない」。ニカラグアではさらに、もっとも長い刑期は三〇年、受刑者によっては塀も鉄格子もない解放農園に「収容」される者もいるという行刑制度の改革が行なわれたのである。

私は、旧体制の指導者と内部の反対派の粛清の物語に満ち溢れたソ連および中国型の社会主義に対する、深い疑問と批判を抱いてきた。それだけに、一九七四年、ソモサ独裁体制下での訪問以来深い関心を持ち続けてきたニカラグアにおける革命が、このような新しい次元を切り拓いていることに感銘を受けた。

それから二〇年後、アパルトヘイト体制を廃絶して新しい社会への歩みを開始した南アフリカからも、瞠目すべきニュースが届いた。民主化後、同国では「真実和解委員会」が結成された。目的は、アパルトヘイト時代の「重大な人権侵害」に関して、これを裁判で「裁く」ことではなかった。加害者・被害者双方の証言を基に事実を解明すること、それを公に承認して記録すること、犠牲者に補償を行なうこと――これを通して、長いあいだ続いた人種差別主義の歴史に終止符を打ち、もって全社会的な和解を実現すること。これである。注目すべきことには、免責規定もあった。加害者が出頭して、自らが犯した犯罪と、組織的な背景を告白するならば、刑事責任を免れることができるというのである。

真実和解委員会の構想が初めて生まれたのは、白人政府によって長いこと非合法化されてきたアフリカ民族会議（ＡＮＣ）が合法化され、白人政府との間で新たな政治体制に向けての交渉を行なう準備過程においてだった。ＡＮＣは、公の組織として登場できるようになった段階において、自らが反アパルトヘイト闘争を展開するために国外に維持してきた軍事キャンプにおいて拷問や虐待が行なわれていたという告発にさらされた。マンデラを引き継いで、のちに大統領に就任するターボ・ムベキの証言によれば、ANC内部には、もちろん、「(アパルトヘイト体制の中枢にいた)極悪非道な奴らを一刻も早く捕まえて死刑にしろ」との声が渦巻いていた。だが「もしそのようなことを行なったなら、平和で民主的な社会へと生まれ変わろうとすることなど到底出来ないことにわれわれは気がついたのだ。もしアパルトヘイト体制の責任者たちをニュールンベルグ裁判の形で裁くようなことをしていたら、我々は平和的な国家へと移り変わる経験をすることは出来なかっただろう」。

この変化には、ANCが内部調査委員会を設立して、まずは自組織内部で起きた人権侵害事件の調査を被害者からの聞き取りを通して行なったことが大きな役割を果たしたと思われる。証言者たちが望んだのは復讐ではなかった。むしろ、真実を明かし、犠牲となった愛する者の思い出が傷つけられたり忘れ去られたりすることがないこと、悲惨な出来事が二度と起こらないこと——これであった。軍事独裁政権が長く続き、その下での深刻な人権侵害事件が多発したチリ、アルゼンチン、グアテマラ、エルサルバドルなどでは、すでに真実究明の努力が始まっていた。隠されていた真実には「社会を浄化する力」があることを、南アフリカの人びとは、これらの具体的な例から学んだ。

真実和解委員会における被害者の、とりわけ女性たちの証言には、内容的には深刻だが、ひろく人間社会全体に通じる、無視しがたいものが孕まれている。「女性が自らの状況を語るというよりは、夫、父、兄弟や息子などの家族や友人に起こった出来事を語ることが多く、社会全体がジェンダー規範により女性を第二次的存在としてとらえていたことを示している」「家父長制のもとで男性が公的領域の活動、つまり政治活動をし、女性は私的領域である家庭で責任を負い、男性を支え、自らを主張しないという〈沈黙の文化〉が内在化している」「反アパルトヘイト運動を担った男性指導者からも性暴力を受けていた実態が明らかになった」（楠瀬佳子）。これらは痛切な思いを引き起こす証言だが、ここまで踏み込んだ、内在的な証言が生まれたことによって、南アフリカにおける「真実和解」の道は地に足のついたものになり得たのだと言える。

ここには、人間の社会が無縁のままでいるわけにはいかない「罪と罰」という問題をめぐって、従来のように加害者を「裁く」のではなく、被害者の傷を「修復」することに重きを置いた、真剣な取り組みが見られる。試行錯誤には違いない。だが、これが果てしのない「復讐」と「報復」の連鎖を断ち切る、ひとつの方法であることは否定できない。

本稿の冒頭で、私は日欧米各国の政治指導者たちが口にしたマンデラ追悼の美辞麗句の〈白々しさ〉に触れたが、この文脈においてみると、事態ははっきりする。被害者が寛大にも「裁き」を求めず「免責」の手を差し伸べている一方、アパルトヘイト時代の加害者がそれをよいことに、自らの罪を「自白」せず、「赦し」も乞わず――すなわち、「修復」のための努力をいっさいすることもなく、マンデラの「聖人化」に励むばかりであったというのが、あの言葉の本質であったのだ。これは、真実和解委員会が調査の対象を、もっぱら南アフリカ国内で行なわれた人種差別的な犯罪行為に限定したことからも、きているように思われる。「アパルトヘイトが植民地主義の極端な形態であり、その歴史的起源がはるか以前にあるにもかかわらず、委員会は、広く植民地主義のもとでの暴力や不正義を扱うことはしなかった。今日の南アフリカ国家は、イギリスの植民地支配の歴史を根本から問うことにつながる調査を避けたのである」（永原陽子）。後者の課題を追求するためには「国際法廷」的なものが当然にも必要となり、おのずと、真実和解委員会とは性格を異にした組織を必要としただろう。それがなかったために、アパルトヘイトの犯罪に南アフリカの国境の外から加担した「先進諸国」の首脳たちは、自らを問うことなく、安心して「穏健主義者」マンデラへ賛辞を浴びせたのである。

国内での「和解」を優先課題に据えて始まった、新しい社会の建設過程においては、問題の本質からして、それは一国では担いきれない課題であったのだろう。この課題は、その後、国際的な場において取り上げられることになる。二〇〇一年八月~九月、他ならぬ南アフリカのダーバンで開かれた「人種主義、人種差別、排外主義、および関連する不寛容に反対する世界会議」において、である。私はここに、南アフリカの真実和解委員会の経験に学びながら、植民地支配・奴隷制度・人種差別主義などの諸問題を、避けることのできない人類普遍のそれとして設定しようとする、国境を超えた努力の成果を見る。私たちは、歴史の鼓動をここに確かに聞き取っているのである。この課題は、何よりも当事国(民族)間同士での「対話→真実追求→謝罪→赦し→和解」の過程をたどらなければならないが、それを側面から援助する国際的な普遍的原理の確立が求められるのだろう。

南アフリカに戻るなら、重要なことは、この問題の追究の過程において、ネルソン・マンデラがひとり屹立して主導しているわけではない、ということである。むしろ、ＡＮＣ指導者としての彼は、デズモンド・ツツ大主教から、一般市民の死傷者が生じたＡＮＣによる南アフリカ空軍本部爆破事件の現場で公式に償いをするよう求められもしている。「真実和解」のこの過程は、多くの人びとと組織の協働によって担われた。そこに最も注目すべき性格があるように思える。

3　新自由主義への拝跪

本稿では、まず、一九六〇年代初頭におけるネルソン・マンデラたちの闘争が、アフリカ大陸南端部に孤立したものではなく、「アフリカ革命」という、闘争の担い手たちによって当時は共有されていたリアリティに基づいて展開されていたことを見た。次に、アパルトヘイトを廃絶したのちに、多くの疑問や批判も受けながら試みられている「和解」のための努力の意義を、その「限界」も見据えながら確認した。紙数は尽きたが、残るのは、「解放」後の社会・政治・経済過程をいかに見るか、という問題である。私が今回参照できたのは、資料としてはわずかなものでしかないが、ここには当然にも、解放後・革命後の第三世界諸国のいずれにしてもが、決して免れ

※　経済学者のトマ・ピケティは、二〇一五年一〇月六日付の、フランス『リベラシオン』紙で南アフリカにおける人種間格差を論じている。同国では、上位一〇％の富裕層が国民所得の約六〇～六五％を占有しており、この不当性は、ブラジルの五〇～五五％、米国の四五～五〇％、欧州の三〇～三五％と比べると、歴然としている。この極端な格差は、アパルトヘイト廃止後に悪化したのだから、事態はヨリ深刻だ。国際的な要因としては、規制緩和、南アフリカの一大セクターである金融分野での報酬の爆発的な増加、白人エリート層を利する原料相場の高騰、為替ダンピングやソーシャル・ダンピングの広がりなどを挙げている。合わせて、民主化を主導してきたアフリカ民族会議（ＡＮＣ）の政策の不十分さも指摘している。（『朝日新聞』二〇一五年一〇月一四日）

ることのできなかった問題が立ちはだかっている。南アフリカは、旧宗主国、多国籍企業、国際金融機関、「先進」諸国によって経済的に包囲されているという現実である。世界有数の投資家、ジョージ・ソロスは二〇〇一年のダボス経済フォーラムにおいて「南アフリカは国際資本の手中にある」と語った。人種アパルトヘイトは終わったが、いまや南アフリカは「経済アパルトヘイト」の下におかれていると皮肉って、一向に改善されない経済格差を指摘する声もある。もちろん、これらは、南アフリカ一国が背負うには過重な重荷である。世界の貿易秩序と国際的な経済秩序の対等性、多くは第三世界に存する天然資源の開発をめぐる公正な関係——その確立に向けた協働の努力が実ってこそ、の課題である。多国籍企業や国際金融機関や「先進」諸国の側から、従来の不平等性を「修復」する動きが起こってはじめて、この問題は解決の端緒につく。「修復」という問題は、ここでも重要なものとして浮上してくるのだ。※

最後に、マンデラの、既存のありふれた政治家と変わらぬ姿も確認しておこう。一九九四年、首相就任間もないマンデラは、国連による対南ア武器禁輸が解除された直後に、南ア軍需産業は「もはや秘密の幕に隠れて行動する必要はなくなり、国内外の完全な合法性を得るだろう」と語った。国有兵器公社アームスコールが「平和と安全に貢献する武器輸出」を保証する自主技術を開発したことを称賛した。(64) 七万人の雇用を生み出す、同国最大の機械輸出産業である南アの軍需生産を簡単に縮小できるものでないことは、誰にでもわかる。だが、マンデラのこの「現実主義」的な側面が、日欧米諸国の首脳にとっては安心できる場所であるという「構造」は、同時に見据えておく必要があるだろう。その意味でも、マンデラを彼らの空虚な賛辞の網から解き放ち、現代世界が直面する困難な課題を共に考え、その解決を模索する場所へと招き入れる必要があるのだ。※

※ 本稿で引用しているマンデラの言葉は、野間寛二郎『差別と叛逆の原点――アパルトヘイトの国』(理論社、一九六九年)と、一九九一年キューバ訪問時の演説内容を伝える複数のインターネットサイトなどに拠っている。ニカラグアについては、現地を取材した野々山真輝帆「サンディニスタ――革命と殉教のはざまで」(『世界』一九八六年六月号)、「ニカラグア――二つの到達点から見た現実」(『朝日ジャーナル』一九八七年四月一〇日号、一七日号)に拠っている。他にも、峯陽一『南アフリカ――「虹の国」への歩み』(岩波新書、一九九六年)、楠瀬佳子「女たちの声をどのように記憶し、記録するか――真実和解委員会と女たちの証言」(宮本、松田編『現代アフリカの社会変動』人文書院、二〇〇二年所収)、アレックス・ボレイン『国家の仮面がはがされるとき――南アフリカ「真実和解委員会」の記録』(第三書館、二〇〇八年)、阿部利洋『真実委員会という選択――

Ⅳ　蜂起から二〇年、転換期を表明したサパティスタ民族解放軍

二〇一四年六月

1　はじめに

去る五月二四日、メキシコは南東部、チアパス州のサパティスタ自治管区のひとつ、ラ・レアリダー村で、ひとつの声明文が発表された。「光と影の間で」と題されたそれは、サパティスタ民族解放軍の名で出されたものだが、末尾の署名は「叛乱副司令官マルコス」となっており、短くはない文中では、ときどき、マルコス自身を指す主語と述語の影がちらついている。基本は「この文書は、（私の）存在それ自体が消えてなくなる前に公に発せられる最後の言葉となるだろう」「サパティスタ民族解放軍の同志たちよ、私のことは心配しないでほしい。これがここでのわれわれの流儀であり、なお歩み、戦い続けるのだ」「この集団的な決定を知らしめる」などの言葉が見られる。反グローバリズムの旗を高く掲げた一九九四年一月一日の武装蜂起の直後から、その運動に注目し、その理念と行動の在りようか

紛争後社会の再生のために』（岩波書店、二〇〇八年）、永原陽子編『「植民地責任」論——脱植民地化の比較史』（青木書店、二〇〇九年）、アンキー・クロッホ『カントリー・オブ・マイ・スカル——南アフリカ真実和解委員会〈虹の国〉の苦悩』（現代企画室、二〇一〇年）などを参照し、一部を引用した。

（64）『しんぶん赤旗』一九九五年一月七日

ら、世界的にいっても死に瀕している社会変革運動再生のための深い示唆を受けてきた私は、自らその分析を行ない、五冊におよぶサパティスタ文書を企画・編集・紹介し、一九九六年にはサパティスタが全世界に呼び掛けて現地チアパスで開催した「人類のために、新自由主義に反対する宇宙間会議」に出席し、その報告も書いてきた（末尾の註に列記してある）。

サパティスタ蜂起から二〇年目の年の五月に発表された今回の文書は、どんな意味をもつのか。私なりの分析を、簡潔にだが、試みてみたい。

2　五月二四日文書の概要

二〇一四年五月二四日文書は、何を語っているのか。それを順次、見ていこう。以下は、全訳ではない。原意から離れぬことを心がけての抄訳である。今後全訳する時間に恵まれるかどうかはわからない。大急ぎでの翻訳なので含意が取りにくいままに残した箇所もあり、試訳の段階とご理解いただきたい。

一、困難な決定――死と破壊を伴う、上からの戦争なら、それは敗者

※　マヤ暦に基づけば、世界が終末を迎える日かもしれないと騒ぐ「先進国」の人間たちが、メキシコはユカタン半島のマヤ遺跡に群がっていた。

※※　この日、万余のサパティスタがチアパス州のサンクリストバル・デ・ラスカサス市などに登場して、沈黙の行進を行なった。その模様は、以下を参照。http://www.youtube.com/watch?v=qH8nxafgKdM

に押しつけられるものとして、われわれは幾世紀にもわたって耐え忍んできた。一九九四年に始まったのは、下の者が上の者に対して、その世界に対して挑んだ戦争のひとつであった。それは五大陸のどこにあっても、農村でも山岳部でも日々戦われている抵抗の戦争である。われわれは、たたかい始めることによって、近くからも遠方からも、われわれの声に耳を傾け、心を寄せてくれるという特権を授かった。問題は、次は何か、ということである。試行錯誤の果てにわれわれが選んだ道は、ゲリラ戦士、兵士、部隊を形成するのではなく、教育と医療の従事者を育てることであって、こうして、いま世界を驚嘆させている自治の基盤が形成されたのである。兵営を建設したり、武器を改良したり、防壁や塹壕を築いたりするのではなく、学校、病院、医療センターを建設し、われわれの生活条件の改善に取り組んだのだ。そして二〇年が経った。この間に、ＥＺＬＮ（サパティスタ民族解放軍）の内部で、共同体の内部で、何かが変わった。二〇一二年一二月二一日、破局が予言されていたその日に※、われわれは銃を一発も発することなく、武器を持たず、ただ沈黙によって、人種差別主義と侮蔑を育む揺り籠であり巣窟である都会の傲慢不遜さに挑んだのである。※※

軍隊は平和を担保できないという道を選んだわれわれは間違っている、と考えるひとは少なからずいるかもしれない。選択の理由はいくつかあるが、もっとも重要なことは、このままではわれわれは消え去ってしまうということである。死を崇めることなく、生を育む道を選んだわれわれは間違っているか？ だが、われわれは外部の声に耳を傾けることなく、この道を決めた。死にゆく者が他者である限りは、死を賭して戦え、と要求したり主張したりする者たちの声は聴かずに。

われわれは反抗を選んだ、すなわち、生を、だ。

二、失敗？——サパティスタが得たものは何もない、と言う人びとがいる。確かに、司令官の子弟が外国へ旅行に行ったり私立学校に入学したりといった特権を享受してはいない。
副司令官が、どこの政治家たちもやっているような、血縁に基づいて子どもに仕事を継がせるといったこともない。外部からの援助資金の過半を指導部が占有し、基盤を形成している人びとには雀の涙ほどのものしか分け与えない、といったこともない。

そうなのだ、「われわれには何も要らない」というのは、スローガンや歌やポスターにこそふさわしい、格好の言葉に終わったのではなく、現実そのものなのだ。その意味でなら、われわれは勝利するより失敗することを選ぶのだ。

三、変化――二〇年間の間にはEZLNにあっても変化が起こった。ひとがよく言うのは、世代の交代だ。一九九四年の蜂起が始まったときには幼かったり、生まれてさえいなかった若者が、いま、たたかいのさなかにいたり、抵抗運動を指導したりしている。だが、それだけではない。

階級の変化――開明的な中産階級から、先住民の農民へ

人種の変化――メスティーソ（混血層）の指導部から、純粋に先住民の指導へ

いっそう重要なことは、思想の変化である。すなわち、革命的な前衛主義から「従いつつ統治する」へ、上からの権力の獲得から下からの権力の創造へ、職業としての政治から日常の政治へ、指導部から民衆へ、性的排除から女性の直接的な参加へ、他者への嘲笑から異なることへの賛美へ、といったように。歴史は民衆によってこそつくられると確

信じている思慮深い人が、どこにも「専門家」なる存在が見かけられない、民衆による統治が存在していることに直面するとひどく驚くのはなぜか、私には理解できない。統治するのは民衆であり、己の道を定めるのは民衆自身に他ならないという事実に怖れをもつのは、なぜなのか。「従いつつ統治する」と聞いて、あからさまに同意できないと首を横に振るのは、なぜか。個人崇拝は、そのもっとも狂信的な形として、前衛主義の崇拝となって現われる。まさにそれゆえにこそ、先住民が統治し、スポークスパースンかつ首長として先住民が存在しているという事実に、或る者は怖じ気づき、反発し、前衛を、ボスを、指導者を探し求めるのである。左翼の世界にも人種差別は根を下ろしているのだ、とりわけ、革命的であると自称する者の中にこそ。EZLNはそうではない。誰もがサパティスタになれるものではないのだ。

四、変わりゆく、流行のホログラム

一九九四年の夜明け前までに、私は一〇年間を山で過ごした。

叛乱副司令官、同志モイセスの許可の下に、以下のことを言っておこう。良きにせよ悪しきにせよ、武装した軍事力、サパティスタ民族解放軍なくしては、われわれは何事もなし得なかった。それなくしては、悪しき政府に対して正当な暴力を行使して蜂起することもできなかった。上からの暴力に直面した時に、下からの暴力をもって。われわれは戦士であり、その役割を心得ていた。

一九九四年が明けた最初の月の最初の日、巨大な軍隊、すなわち先住民の叛乱軍が都会へと下りて、世界を揺るがせた。それから数日して、街頭に流されたわれわれの死者の血がまだ乾きもしないうちに、われわれは悟った——外部の人たちはわれわれを見ていないことを。先住民を上から眺めることに慣れきっていて、われわれを見つめてはいないことを。われわれを虐げられた者としてのみ見做して、尊厳ある叛乱の意味を理解できない心の持ち主であることを。その視線は、目出し帽を被ったたったひとりのメスティーソの上に注がれていたのだ。

わが指導者たちは言った。「彼らには、自分の器量に見合った小さなものしか見えない。その器量に合わせた小さな人物をつくりだし、それを通して彼らがわれわれを見つめることができるようにしよう」。そこで、気晴らしのような策を弄したのだ。現代というものの稜堡をな

※　二〇〇五年六月発表。メキシコ先住民運動連帯関西グループのホームページで、その一部を読むことができる。
http://homepage2.nifty.com/Zapatista-Kansai/EZLN0506001.htm

すメディアに挑戦するという先住民の智慧、そのいたずら心が生み出したもの、それが「マルコス」なる人物だったのだ。体制というものは、とりわけメディアは、有名人をつくり出すことが好きだが、それが自らの意図に添わなくなると放り出す。マルコスはスポークスパースンから、いつしか気晴らしの放蕩者に転じていった。

マルコスの目は青かったり、緑であったり、あるいは珈琲色、はちみつ色、黒のときもあった――すべては、インタビューを行ない、写真を撮るのが誰なのか次第だった。マルコスとは、躊躇うことなく言うが、いわば、道化師だったのだ。その間にもわれわれは、ここにいようといるまいと、われわれと共にあるあなたたちを探し続けていた。〈他者〉と出会うために、他の〈同志〉と出会うために、われわれが必要としている、同時にそれに値する〈見つめてくれる目〉と〈傾けてくれる耳〉と出会うために、われわれはさまざまな試みを行なった。それは失敗した。出会ったのは、われわれを指導しようとする人であり、われわれに指導されたいと願う人たちだった。利用主義的に近づいた人もいれば、人類学的な郷愁であれ戦闘的なノスタルジーであれ、過去を振り返るだけの人もいた。ひとによっては、われわれは共産主義にされたり、トロツキストにされたり、アナキストにも毛沢東主義者にも千年王国主義者にもされたりした。自分の器量に合った「主義者」としてわれわれを名づけるとよい、と放っておいたが。「第六ラカンドン宣言」※まではそうだった。もっとも果敢で、サパティスモの真髄が詰まっているこの宣言によって、われわれは出会った。正面からわれわれを見て、挨拶を交わし、抱擁する人びとと。われわれが、導いてくれる牧者や約束の地に連れて行ってくれる存在を探し求めてなどいないこと、われわれは主人でもなければ奴隷でもないこと、地方ボスでもなければ頭《かしら》なき衆愚でもないこと――を理解するひとがついに現われたのだ。その間、内部にあって、民衆自身の前進には目を見張るものがあった。導きや指導を待望することなく、服従や付き従うなどといったふるまいとは無縁に、われわれと正面から向き合い、耳を傾け、話し合う世代が登場したのだ。

マルコスなる人物は、かくして、無用となった。サパティスタの闘争は、新たな段階を迎えたのだ。統治の変化は、病気や死によるものではない。内部抗争や粛清、追放によるものでもない。ＥＺＬＮがこれまで蓄積し、同時に現在も経験しつつある内部での変化に応じた、論理に叶ったものなのだ。

私は病気でもなければ、死んでもいない。何度も殺されたり、亡き者にされたりしたが、私は、いまも、ここにいる。モイセス副司令が「彼の健康状態が許せば」と言ったとしても、それは「人びとが望むなら」とか「アンケート調査の結果がよければ」とか「神のお赦しがあるならば」といった、昨今の政治世界ではよく使われる定番の文句に過ぎない。ひとつ、助言を差し上げよう。精神的な健康のためにも、身体的な健康のためにも、いくらかなりともユーモアのセンスを磨かれてはいかがか。ユーモアのセンスなくして、サパティスモを理解することなど到底できない。

以下のことは、われわれの確信であり、実践のあり方そのものである。叛乱したたかい続けるためには、指導者も地方ボスもメシアも救世主も要らない。たたかうために必要なものは、いささかの恥じらいと、多くの尊厳と組織である。上を見上げては誰かを待望し、指導者を探し求める者は、どうみても、観客に過ぎず、受動的な消費者であるしかないのだ。マルコス副司令を愛した者も憎んだ者も、いまこそ知ろう、レーザーを使って記録された虚像としての立体画像を愛したり憎

※　この節では、本文書が公表されるわずか三週間前の二〇一四年五月二日、サパティスタ自治区ラ・レアリダーで、EZLNに敵対する者たちに殺された、サパティスタ学校の教師、ガレアノことホセ・ルイス・ソリス・ロペスに対する追悼の言葉にあふれている。

んだりしていただけだったことを。マルコスが生まれ育った場所を示す自宅博物館も金属プレートもあり得ない。誰がマルコスであったかを明かす者もいない。その名前と任務を継ぐ者もいない。旅費がすべて負担される講演旅行もあり得ない。豪華なクリニックに移送されることも、そこで治療を受けることもない。個人崇拝を促進し、集団的共有制を蔑ろにするために体制がでっちあげるもの、すなわち、葬儀も栄誉も銅像も博物館も授賞も、そんなものはあり得ないのだ。

この人物は確かにつくり出されたが、それをつくり出した者、すなわち、サパティスタ自身がこれを破壊するのだ。われらが同志たちが示したこの教訓を理解したひとがいるなら、そのひとはサパティスモの原則のひとつを理解したことになる。われわれは何度もこの機会をうかがってきた。ガレアノの死が、その時をもたらしたのだ。

五、痛みと苦しみ、つぶやきと叫び※

モイセス叛乱副司令官が言うには、「われわれはサパティスタ民族解放軍総司令部として、ガレアノを思い起こすために来たが」、ガレアノが生きるためには、われわれの誰かが死ななければならない。そこで、われわれは、今日を限りにマルコスが存在しなくなることを選んだのだ。彼は戦士の影を帯び、微かな光の中を行かねばならないが、道に迷わぬためには、カブトムシのドン・ドゥリートおよび老アントニオと手を携えていかなければならない〔訳註：ドン・ドゥリートと老アントニオが何者であるかは、末尾に記した参考文献を参照されたい〕。

サパティスタ民族解放軍が、私の声を通して語ることは、今後はないだろう。

これで十分だね。健康を、もはや二度と……否いつまでも。理解したひとには、わかるだろう、これは大して重要なことではないことを、いままでもそうだったことを。

サパティスタの「現実」から
叛乱副司令官マルコス
メヒコ、二〇一四年五月二四日

(陰の声で)
夜明けの挨拶です、同志たち。私の名はガレアノ、叛乱副司令官ガレアノです。
他にもガレアノはいるかい？（たくさんの声、叫びが上がる）
私が生まれ変わったら、集団的にやろうと言ったのは、そういうことかい。
そうだね。
よい前途を。気をつけて、気をつけよう。

メヒコ南東部の山岳部から
叛乱副司令官ガレアノ
メヒコ、二〇一四年五月

3 サパティスタ運動が問いかけるもの

私の記憶では、ＥＺＬＮがマルコスの声を通じて、外部も含めた世界に語りかけるのは、五年ぶりのことと思われる。五・二四文書を読むと、蜂起以後の二〇年間の経験に依拠して（蜂起以前の準備段階の期間を算入するとどれほどの年数になるのだろうか？）、自らが築き上げてきた自治的な統治のあり方に対する揺るぎない自信（確信）をうかがうことができると同時に、メキシコ政府および内外のマスメディアならびに一部社会運動体との関係が、もはや我慢ができないほどの段階に達していることも示しているようだ。政府やメディアとの関係がそのようなものになるのは、当然にも避けられないことと思われるが、内外の（と書かれてはいないが、サパティスタ運動が持ち得た世界的な影響力の大きさからすれば、明記されている反応は、メキシコ国内の運動体はもとより国外のそれからも寄せられていたと考えるのが妥当と思われる）一部の（であろうが）社会運動体がサパティスタ運動に要求してきたことがらが問わず語りに明らかにされていて、興味深い。その「要求」を要約的にまとめてみる。それは、サパティスタが

（1）軍事路線を放棄していることへの批判

（2）指導部が持つべき指導性を放棄した「従いつつ統治する」路線への批判

の二点に絞ることができよう。この種の批判が実際に行なわれてきたのだとすれば、私の観点からすれば、それは驚くべきことだと思える。一九九四年以降の二〇年間とは、各国で痩せても枯れても左翼の中軸に位置していた従来の正統派的な共産党が、一九九一年のソ連邦崩壊を前後に解党に追い込まれるか、大胆なモデル・チェインジを行なおうとしてもう

まくいかずに立往生してしまった時期に重なっている。ヨリ左派の立場から既成の共産党やソ連体制を批判することで存在意義を保ってきた「新左翼」諸潮流も、ソ連崩壊のボディブロウが次第に効いてきた段階であって、従来なら何の躊躇いもなく主張してきたのかもしれない己の政治路線に関する見直しなり路線転換を否応なく迫られていた時期と言えるだろう。

一九八九年から九一年にかけて起こった東欧・ソ連社会主義体制の連続的な崩壊現象の渦中にあって私が思ったのは、次のことだった——長きにわたって現実に存在してきた抑圧的な体制が無惨にも崩れ去っていくのは、資本主義を批判する理論的な武器としての、広い意味での社会主義の再生のためには決して悪いことではない。だが、人類社会の夢や理想が孕まれたこの思想の実践的な帰結が、粛清・収容所群島・言論の不自由・民主主義の欠如・経済的非効率性・党＝政府＝軍部が三位一体化した指導部の特権層としての形成などとなって現われたことで、人類社会にはしばらくの間、「高邁な」思想・哲学を弊履のごとく捨て去り、現行秩序を無限肯定する「現実主義」がはびこるだろう。この「現実主義」を批判しこれを克服するためには、今まで社会主義の理念に広い意味で荷担してきた者による過去の総括と、そのうえで新たな道を模索する態度が不可欠である。

そう心に決めての、私なりの模索を始めていた。実際に、社会主義の崩壊を前に、資本主義の擁護者たちは欣喜雀躍としていた。日本社会では、従来の歴史解釈の見直しや、歴史教科書から「自虐史観」を追放し「子どもたちが日本を誇らしく思えるような」教科書づくりを目指す動きが声高に始まった。極右雑誌『諸君!』(文藝春秋)や『正論』(サンケイ新聞社)の元気ぶりは、すでに一九八〇年代から始まっていたが、それらがますます増長したのに加えて、豊富な資金源を持つらしい新興の右翼雑誌が次々と刊行され、書店の棚を占領するようになった。現在の書店の荒涼たる風景は、この時期に始まったというのが、私の実感である。それでも、たとえば、ソ連崩壊の翌年の一九九二年には、「一四九二→一九九二　コロンブス航海から五〇〇年」キャンペーンを行なって、ヨーロッパ植民地主義を登場させることに繋がった「コロンブス大航海」以降五世紀におよぶ世界近現代史が孕む諸問題を広く討議し、民族・植民地問題が人類史において決定的に重要な位置を占めることを明らかにするなど、新しい世界像と歴史像を生み出す作業に私たちは共同で取り組んだりしていた。

サパティスタ蜂起は、こんな雰囲気の中で起こった。上の問題意識に基づいて、私はこの運動に見られる注目すべき諸点を、当初から以下のようにまとめていた。

（1）先住民族が主体の社会変革運動であることから、メキシコのような人種差別が著しい社会にあって根本的な問題提起となり得るし、ひいては、すでに「一九九二年」以降世界的に開始されている、植民地問題を主軸に据えて近現代史の書き換えを推進する動きにもつなげていくことが必要だろう。

（2）蜂起が「ローカルな（地域的な）」要求と「グローバルな（地球規模の）」要求を結びつけている点に注目しよう。仕事・住宅・医療・教育・水道・道路など日常生活に根差した要求を地方政府と中央政府に対して行なうとともに、蜂起の日＝一九九四年一月一日に発効する北米自由貿易協定（スペイン語でＴＬＣ、英語でＮＡＦＴＡ）に抗議の意志を示していることで、世界を覆いつくしつつあるグローバリズムの推進者である「先進各国」・多国籍企業・国際金融機関などを厳しく批判している。とりわけ、この協定が「先住民族に対する死刑宣告にひとしい」と断言している部分に注目したい。

（3）止むに止まれず武装蜂起を行ないながら、一九六〇年代までの左翼とは異なり、軍事至上主義路線ではないこと、したがって、蜂起後すぐにメキシコ政府を交渉の席に就かせた政治的な手腕に注目したい。「ほんとうは兵士であることを止めて」教師、農民、医師、看護師などとして働きたいのだと語り、戦争亡き／軍隊なき未来を展望しているその姿勢を貴重なものとして捉えたい。その後、全国のもろもろの社会運動の団体に呼び掛けて「全国民衆会議」のようなものを開催するに当たっては、貧しい程度とはいえ武装しているサパティスタが、非武装の他の民衆に対して優越する位置に立つことを防ぐために、サパティスタの投票権をごく少数に限ったことも、彼らがいかにこの課題に自覚的であるかを明かしていると思う。

（4）前衛主義とはまったく無縁であることに注目したい。「我（党）こそは」という自党中心主義／自党絶対主義が、世界と日本の社会変革運動をいかに蝕んできたかということは、「運動圏」に身を置いたことのあるひとならば誰もが気づくことだろう。それこそが、すでに触れたように、党＝政府＝軍（よりによって、それは、革命軍とか、赤軍とか、人民解放軍と名づけられている！）の指導部が三位一体化して特権層を生み出し、官僚主義をはびこらせ、ひいては粛清の論理（日本的には、内ゲバの正当化）に繋がっていくのであるから、まこと、「党こそは諸悪の根源」※だと言える。

（5）前衛主義から解放されているということは、いわゆる「指導部」と、

※　文芸評論家・栗原幸夫は、「党（共産党にかぎりません、すべての政党なるものです）こそ諸悪の根源だ、というわたしのポスト・レーニン的革命理論（！）」を随所で書き、語っている。一九五〇年代以降日本共産党からの除名体験を数回もち、六〇年代には、ベトナム反戦のために生まれた「ベトナムに平和を！　市民連合」（略称・べ平連）の活動に関わる中で、党的結集の仕方とはまったく異なる運動論を経験した。べ平連は「個人参加」の形態を取り、「自分とは違う考えや行動をする運動を批判しなかった。べ平連のなかでも違う考えを許容した」として、自らも参画していたその運動のあり方を高く評価している。また、日本アジア・アフリカ作家会議の事務局長を長年務め、ソビエト作家同盟に属した旧・ソ連の作家たちとの交友も深かったことから、文学の領域のみならず社会全体が「党」の意向に左右される仕組みの過ちを身に染みて感じたのだろうというの

運動の基盤を形成している「大衆」の関係性のあり方に関しても、運動主体が深く考えていることに繫がる。「従いつつ統治する」という言葉自体が、上意下達的な組織運営を当然のこととしてきた旧来的な左翼運動のあり方に対する批判となっている。

（6）健康で、頑強な、大人の「男」を軸に展開されてきた従来の社会運動のあり方に疑問をもち、これを改めようとする努力がなされている。そこでは、サパティスタ運動が、さまざまな人びとの日々の生活基盤をなしている村（共同体）に依拠した運動体であることのメリットが最大限まで生かされている。「革命国家」の樹立をめざす変革運動は、「若い」男の「職業的な」までの献身性に依拠して展開されることで、必然的に経験の度合や活動量のヒエラルキーを内面化してきた。サパティスタはこの「限界」を突破しようとしている。

（7）サパティスタが発表するコミュニケは、社会的・政治的なメッセージ性を帯びた文章にあり方に対する深い問題提起をなしている。硬直したイデオロギーに基づいて、無味乾燥な政治言語を駆使して書かれてきた、左翼の大論文に飽き飽きした経験をもつ人は多いだろう。それは、いまなお、守旧的な左翼によって書き続けられている。サパティスタ文書は、時に過

が、先達の後ろから道を行く私の印象である。右の引用部分は、ブログ「栗原幸夫のホームページ　ホイのホイ」http://www.shonan.ne.jp/~kuri/ 内の「小田実への手紙（一九八七年二月二四日）」から。氏もまた、本書八〇頁で注記した労働史家・二村一夫と同じく、インターネット空間の果敢な活用者である。著書多数だが、ここでの問題意識からいえば、『革命幻談・つい昨日の話』（社会評論社、一九九〇年）。

剰な文学的な修辞にあふれている、と思われる場合もある。「お遊びか」と思われる表現も、ないではない。しかし、歴史と現状を的確に把握した上での表現であるという一貫性は貫かれている。広い意味での、マヤ先住民世界の民俗性(フォークロア)や神話的な世界の確固たる存在が背後にうかがわれることも、文書に深みと奥行きを与えている。

(8)マルコスが回想しているように、サパティスタ蜂起に先立つ一〇年ほど前、都市での革命運動に見切りをつけたマルコスら一〇人以下の都市インテリは、メキシコ最深部の貧しい先住民世界での「工作活動」をめざして、チアパスの山に入った。ヨーロッパ直輸入のマルクス主義で武装した彼らは「上からの」イデオロギー操作によって、貧しい農民を「覚醒させる」つもりだった。だが、チアパスの山の厳しい諸条件の下で生き抜くためには、そこで食することのできる動植物を含めて都会人こそが村人たちから学ぶべきことがらがたくさんあった。「学ぶ―教える」が一方通行的な形で完結することは、この段階でなくなった。そこで、都市のマルクス主義と、チアパス先住民の独自の哲学・歴史観が、相互主体的に出会う瞬間が生まれ、それが持続してきた。そのことが、上記(7)で触れたサパティスタ文書に見られる、独特の発想とことば遣いに表われている。

サパティスタの論理と実践から以上のような諸課題を受け取ってきた私からすれば、五・二四文書で触れられている、サパティスタに対して外部からなされているという批判的な言辞には、あらためて書くが、驚く。二〇世紀型左翼運動の失敗は、仮にその時代の担い手から見ていかなる必然性に裏打ちされていたとしても、その組織論や軍事論に大きな誤謬が孕まれていたからこそ生まれたのだ、と私は思う。そのふたつの論点は、運動それ自体の性格を大きく規定する力をもつものであった。ソ連崩壊後の日々、そんなことをつらつら考えていた私は、それだけに、サパティスタが発することばのひとつひとつに、深い共感をおぼえていた。だから、私は、遠くメキシコ南東部の先住民村から発せられたメッセージに、同じ時代を生きていて、状況を近しい視点から捉えている人びとの存在を感じ取ったのである。

4　おわりに

「左翼の世界にも人種差別は根を下ろしているのだ」というサパティスタの文言を読みながら、私は、いま私たちが各地で展開中の、ボリビア・ウカマウ集団／ホルヘ・サンヒネス監督全作品レトロスペクティブ「革命の映画／映画の革命の半世紀（一九六二〜二〇一四）」のことを思い出してもいた。サンヒネスもまた、自らをも位置づけている左翼の中に、先住民に対する根深い差別のことばとふるまいを見出しており、この「劣性」の克服なくして左翼の再生はあり得ないと確信している映画人である。『地下の民』や『鳥の歌』に、そのような左翼的心情の持ち主をめぐるエピソードがさりげなく挿入されているのは、そのため、である。上に紹介したサパティスタのことばから、こうして、私たちはそれぞれの場所において、普遍性のある論点を取り出すことができる。

久しぶりに発せられたサパティスタのコミュニケを読みながら、変革のための社会運動再生に向けての試行錯誤＝模索を始めていた二〇数年前の、原点の日々を思い出し、思いを新たにする。※

※ 私が企画・編集したサパティスタ文書には、以下のものがある。版元はすべて現代企画室。
太田昌国、小林致広編訳『もう　たくさんだ！——メキシコ・サパティスタ文書集一』（一九九五年）
マルコス、イグナシオ・ラモネ『マルコス　ここは世界の片隅なのか』（湯川順夫訳、二〇〇二年）
マルコス『ラカンドン密林のドン・ドゥリート——カブト虫が語るサパティスタの寓話』（小林致広訳、二〇〇四年）
マルコス『老アントニオのお話——サパティスタと叛乱する先住民族の伝承』（小林致広訳、二〇〇五年）
マルコス、イボン・ルボ『サパティスタの夢——たくさんの世界から成る世界を求めて』（佐々木真一訳、二〇〇五年）
私が書いたサパティスタ分析の文章は、時代順に、以下の書物に収録されている。
『〈異世界・同時代〉乱反射』（現代企画室、一九九六年）

V　一九七九→二〇一四年　或る雑誌に併走した精神的スケッチ

二〇一四年一一月

『暴力批判論』（太田出版、二〇〇七年）
【極私的】60年代追憶』（インパクト出版会、二〇一四年）

『インパクト』誌（後の名『インパクション』誌）が刊行されてきた一九七九年から二〇一四年までの三五年間に及ぶ事柄を、ある程度この雑誌の内容に即して併走しながら思い起こすことで浮かび上がってくる、この時代の普遍的な精神史があるように思う。いささかならず私的な記述が混じってしまうが、それがどこかで普遍性に繋がっていることを願いつつ、その思いを書き綴ってみたい。

1　イランとニカラグア

『インパクション』誌の前身である『インパクト』誌が創刊された一九七九年の記憶は、当時の世界情勢との関連で、いまも鮮明だ。この年には、二月に、イランで長く続いたパーレビ国王（当時は、こう表記されていた。いまでは、バフラヴィーと書くのがふつうになった）体制を打倒する革命が成就した。ここに至る社会運動の主力になったのがイスラム教徒であったことから、イスラム革命と呼ばれた。私は彼の地の歴史や情勢にさして詳しいわけではなかったが、無知ゆえに掻き立てられる関心なり興味というものもあり、注視していた。同年一一月に起こったテヘランの米国大使館占拠・人質事件には、それまでの米国の介入の事実を知っていれば、学生たちの怒りの発露として当然だろうとの思いしか起きなかった。

七月一九日には中米ニカラグアで、一九三〇年代から続いていた、一族支配のソモサ独裁体制を倒す革命が勝利した。私は、ニカラグアに、そのつい数年前の七四年末と七六年半ばの二回、それぞれ一ヵ月間ほど滞在していた。独裁体制からの解放闘争をたたかうサンディニスタ民族解放戦線（FSLN）の共鳴者であろう幾人もの作家や詩人たちと国内で会い、講演や詩の朗読も聴いていた。コスタリカやメキシコなどの亡命先で、この解放闘争をさまざまな形で支援するニカラグア人とも会っていた。一回目の滞在時は、サンディニスタ民族解放戦線が元農相の豪邸で行なわれていたクリスマス・パーティの場を襲い、大勢の要人（米国石油企業代表や、前年に軍事クーデタを起こしたチリの大使など）を人質に取った軍事作戦の時に重なった。要求は以下の四点だった。(一)獄中の同志一四人を解放しキューバへの出国を認めること。(二)最低賃金を引き上げること。(三)一万二〇〇〇字から成るコミュニケを新聞・テレビ・ラジオを通じて報道させること。(四)六〇〇万ドルの資金を提供すること——人質の「重要度」から行って、ソモサ政権はこれを飲まざるを得なかった。私は、ちょうど乗っていた長距離バスの中で、ラジオを通じてコミュニケが放送されるのを聴いた。満員の乗客が息を潜めてそれに聞き入っている姿が印象的だった。ソモサにとってはかつて味わったこともない屈辱であり、客観的には鉄壁を誇った抑圧体制が崩れゆく予兆でもあった。翌日、バスで隣国コスタリカへ向かう出国手続の場でニカラグアの税関吏たちは荒れた。独裁体制下では、軍・警察と共に税関には独裁者にもっとも忠実な官吏が配置されている。ソモサが前日強いられた恥辱を晴らすかのように、荷物を乱暴に扱い、新聞・雑誌を隈なく点検した。コスタリカへ移ってからでもニカラグアの新聞は入手できた。私は掲載されていたサンディニスタのコミュニケを大急ぎで翻訳し、友人を通じて『情況』誌に送ってもらった。それは同誌七五年六月号に掲載された。

このような経緯もあって、ニカラグアは、中米・カリブ海における超大国の支配を断ち切る革命の可能性を感じて、現地でも、帰国後にも、大いに注目していた土地だった。歴史過程もそれなりに研究していた。解放戦線の指導部の中のひとりのメンバーは、『ニカラグアの反植民地主義闘争における先住民の根』と題した書物を著していて、先住民族の存在を軸に、この大陸の歴史過程を捉える方法を模索していた私には、深く示唆的だった。だから、サンディニスタ革命勝利の報に接すると、具体的に思い浮かべることのできる、その渦中にいるであろう人びとの貌がいくつもあって、こころが躍った。

この年の七月に創刊された『インパクト』誌には（九月刊の第二号にも）、このイランとニカラグアの最新情勢に触れた文章が載っていた。研究者の厚みも、まだ、なく、一般的な関心もさほど高くはないと思われた地域に関して、深みのある分析を行ない得る書き手を素早く見つけて関連論文を掲載していることに、少し驚いた。台頭する第三世界の政治・社会・文化の鼓動を聴き取るだけの素地が、この社会にも出来つつあるのかと感じた。

2　政治犯への死刑判決

未知であった『インパクト』編集人から連絡をもらったのは、それからしばらく経った頃だった。私は当時から、東アジア反日武装戦線被告の救援活動に携わっていたが、一九七九年末には第一審の判決が迫っており、戦後史で初めて政治犯に対する死刑判決が下されることは、公判過程を見ていれば必至だった。これに対する反撃の特集を組みたいので協力を、という要請だった。仲間と手分けして、いくつかの観点から、東アジア反日武装戦線の思想と実践が提起した諸問題と、これに対する死刑判決が意味するものを分析する文章を書いた（同年一一月刊の第三号で「死刑制度を問う」特集が組まれた）。『インパクト』誌および『インパクション』誌が、ひいてはインパクト出版会が、死刑制度廃絶という明確な目標の下に〈死刑〉をテーマにした企画と単行本をかくまで積み重ねてきている出発点は、ここにあったのか、といまにして思う。

当時、大衆運動の場で〈反日〉の名は、ほとんど、禁句にひとしかった。つい四、五年前のことでしかない、実践された「テロリズム」の記憶は、人びとの中でなお鮮明だった。それが生み出した甚大なる死傷者の存在が、遺族ではないとしても、癒しがたいものとなって人びとの脳裡には残っていた。学生時代に、サヴィンコフの『テロリスト群像』や、またの名、ロープシンの『蒼ざめた馬』を読み、また啄木の「ココアのひと匙」の影響もあったりして、私などはそれまで「テロリスト」という語の響きにどこかロマンティシズムを感じないではなかったのだが、実際に発動された「テロ行為」の結果は、あまりに無惨だった。

この行動形態には反対だが、その基底にあった植民地支配と侵略戦争への批判の志は受け止めたいと考える人が、よしんばいたとしても、それを口にしただけで、まわりの世界は凍りついたほどだった。公安警察の動きも執拗だった。救援のメンバーが駅前に置いた自転車が「何者か」によってパンクさせられたり、どこかへ持ち去られたりすることは、日常茶飯のことだった。自宅周辺に公安警察のアジトがあって、四六時中監視下に置かれていたメンバーもいた。周辺のシンパにも嫌がらせの手は伸び、あなたの恋人は爆弾魔＝〈反日〉のメンバーと親しく付き合っているよ、と垂れこみがなされる場合もあった。

それでも、〈テロリズム〉への批判から〈反日〉救援者を排除していた人びととの間にも、やがて、対話の契機は生まれる場合もあった。救援者が、〈テロリズム〉の問題に正面から向き合い、それへの批判を明らかにしつつも〈救援〉の論理は確固として立てた場合には。

逆に、それを曖昧なままに放置すると、そのぶん、公安警察が布いた「分断線」は効き目を発揮した。そのとき公安警察の嫌がらせと脅しによる、見えない恐怖と怯えがもたらす波及効果は大きかった。そんな時期の只中になされた『インパクト』誌第三号特集「死刑制度を問う」は、左派や進歩派の間では敬して遠ざけられるきらいのあった死刑というテーマが、避けては通れぬ課題として次第にせり上がってくる上で、ひとつの重要な役割を果たしたものであったと言える。

3 ニカラグア、そしてイラン、ふたたび

その後の事態の展開の中で、ニカラグアと死刑制度の問題とは、私にあっては互いに出会うことになった。ニカラグア革命は、基本的には社会主義的方向をめざすものではあったが、その意味では先達というべきロシア、中国、キューバなどの諸革命とは違う方向性をいくつか示した。その最たるものは、複数政党制を維持したこと、および死刑制度を廃止したこ

とである。先行した社会主義革命はいずれも、ここで躓いた。唯一絶対の権威を誇りたがる前衛党指導部は、どこにあっても、政治・社会・文化・経済・軍事などあらゆる分野の全権を握ることが、〈反革命〉勢力の跳梁を許さないためには不可侵の正義であるとの「論理」に基づいて、社会を統制した。サンディニスタ指導部はその道を選ばなかった。事実、一一年後の大統領選挙では、サンディニスタは破れて下野した。米国は革命政権を打倒するために、コントラ（旧独裁体制時代の軍人や多国籍の傭兵を組織した反革命軍）を支援してニカラグアを内戦状態に陥れたために、七九年の革命成就後長く続く内戦に疲れた民衆は、九〇年の選挙でサンディニスタを見限ったのだ。レーガン政権時の米国政府はこのコントラに対する支援資金を、イランに対する武器輸出の代金から工面していたことが後日（八六年）わかって、このスキャンダルは「イラン・コントラ事件」と呼ばれた。スキャンダルというのは、イラン革命後に学生たちによってテヘランの米国大使館が四四四日間にも渡って占拠され、それに対してなす術もなかった屈辱を味わった相手国＝イランに対して、その後八〇年に始まったイラク・イラン戦争に際しては支持せざるを得ず、したがって武器輸出も行なう立場に追い込まれたうえ、それによって得た収入をニカラグアの内政に干渉するコントラ戦争に振り向けていたことを指している。東西冷戦構造（米ソ対立）を最大の矛盾として成立していた戦後世界にあっては、このような複雑怪奇な現実が、たびたび生み出されたのだった。

ニカラグア革命が、従来の革命との差を著しく示したもうひとつの特徴は、革命直後から死刑制度を廃止したことである。社会主義を名乗る革命においては、それまで、旧体制を支えた政治家、軍人、弾圧機構の主要人物たちに対する報復処刑が行なわれるのが常であった。それは、まっとうな裁判の過程をくぐることもないままに、新たな革命権力の恣意性の下に強行された。それを認めること／許すことは、一事が万事を意味した。「摘発」の矛先は、次第に、自らの新体制内部の「政敵」や「反革命の煽動者」にも向けられるようになり、「粛清の論理」が社会主義革命を貫く特徴であるかのような現象にまで至った。「新左翼」を名乗る日本の多くの党派のなかにも、この論理は浸透した。党派間で、政治路線なりイデオロギー的な基盤なりに食い違いが起こると、それを直ちに「敵対矛盾」と解釈して、凄惨な殺し合いに全力を挙げる者たちが登場した。社会主義が本来的に内包していたはずの「崇高な」理念は、このような愚かにも醜悪な現実によって、世界的にも国内的にも裏切られてゆくばかりであった。

この現実の中でニカラグア革命において死刑制度が廃止されたことは、未来へ向けての確かな指標であると私は感じた。サンディニスタの古参兵士であり、独裁政権時代には何度も投獄され拷問も受けたトマス・ボルへは、革命後に内相として語っている。「戦いが終わって、私を拷問した者が捕えられたとき、私は彼らに言った。私の君らに対する最大の復讐は、君らに復讐しないこと、拷問も殺しもしないことだと。私たちは死刑を廃止した。革命的であるということは、真に人間的であるということ。キリスト教は死刑を認めるが、革命は認めない」。旧弾圧機構＝国家警備隊隊員は五七〇〇人もが革命後に逮捕されたが、刑務所は復讐の場ではなく、赦しと再教育の場であるから、次の五段階に分けて設けられた。閉鎖施設・労働施設・半解放施設・開放施設・監視付き家庭復帰。最長期刑は三〇年が限度とされた。「力の論理に、善意の論理は対抗しうるか」と問われたボルへは答える。「革命家とは夢想家だ。夢がなければ、われわれが建設するものは死の海にすぎぬ[65]」。

解放／革命闘争の途上ならば、〈敵〉の負傷兵や捕虜兵への処遇において、運動主体が人道主義的な態度を貫いた事例に事欠くことはない。だが、いったん〈勝利〉した革命権力は違うのだ——無念にも、そんな実態を見せつけられてきた私の眼に、ニカラグアの実例は新鮮に映った。私は当時、ニカラグア革命の意義に関していくつかの文章を書いたが、死刑制度の廃絶に関しては「死刑を認めぬ革命――ニカラグアの〈可能性〉」[66]と題した文章を書いた。埴谷雄高は、数千年を通じて変わらぬ人類の政治の意思は「奴は敵である。敵を殺せ」に尽きると喝破したが、[67]それを超える実践例が現われたのであった。

それに続く二〇世紀末には、アジアやラテンアメリカなどで長く続いた軍事独裁政権が倒れ、民主化の過程をたどる国々が数多くあった。アフリカでも、ナミビアの独立や南アフリカの人種隔離体制(アパルトヘイト)の崩壊と新体制の成立があった。そのすべてにおいてではなかったが、刑罰のあり方や死刑制度の問題をめぐって、この時代、世界の趨勢は明らかに変化を遂げた。新体制下で、血を血で洗う、復讐の虐殺劇が繰り広げられるという、目を覆う光景は少なくなった。厳しい人権弾圧が行なわれた独裁時代の「真実究明」はあくまでもなされなければならないが、それが数々の困難を乗り越えて実現した後には「赦し」と「和解」の過程が待っている、という時代がきた。もっとも示唆的な経験は、アパルトヘイト体制を廃絶した南アフリカの「真実和解委員会」の活動によって試みられた。

(65) 野々山真輝帆『ニカラグア 昨日・今日・明日』筑摩書房、一九八八年

(66) 日本死刑囚会議麦の会編『死刑囚からあなたへ』インパクト出版会、一九八七年に所収

(67) 「政治のなかの死」、前掲、注(63)参照。

遅きに失したという思いがないではないが、それでもこれが、人権の確立に向けた人類史のたゆみない歩みの一成果であった。このような世界風景を背後に置いてみると、二〇一四年の日本社会の異常さが際立って見える。ここでは、植民地支配にせよ侵略戦争にせよ、その「真実を究明」して和解に向かうどころか、真実を覆い隠そうとする考え方の者たちが政権の座に就いている。それを支えるかのように、書店には「偽造する歴史修正主義者」たちの雑誌や本が山積みになっている。もっとも深刻なことには、それを支持する民衆が少なからず存在している。

革命後のニカラグア社会やアパルトヘイト廃絶後の南アフリカ社会の試行錯誤の過程は、私の裡にあっては、このような時間的・空間的な射程の中でこそ活きてくるもののように思える。

4　近代と先住民族

『インパクト』誌創刊の翌年の一九八〇年、私たちは、ボリビア・ウカマウ集団製作の映画の自主上映運動を始めた。初めて上映する映画は『第一の敵』といい、一九六〇年代のアンデス地域で、大地主に対する抵抗の闘いの渦中にある先住民族と、都市部から来た反帝国主義闘争をめざすゲリラ部隊の出会いの物語であった。現地でウカマウの映画作品を幾本か観て、私はこれが、当時すでに必然的な課題になっていたヨーロッパ中心主義の歴史像と世界像を克服し、新たなものを作り上げるうえで大きな役割を果たすと感じていた。先住民族を主体に据えて、近代総体を問い直す視点に共感した。進化した映像・音響機器の普及によって、若者たちはすでに、何ごとにせよ活字媒体に依存して学んでいた私たちの世代とは違って、常時五感すべてを使って世界を感じ取る時代になっていた。だから、ヨーロッパ起源の芸術表現の方法を駆使しつつ、稀有な観点から歴史の読み替えを企図する、ウカマウの映像が持ちうる意味を信じたいと私は思った。あるいは、監督のホルヘ・サンヒネスが語った言葉で言えば、「映像による帝国主義論」の構築をめざす彼らの作業に協働しようと考えた。

先に触れたニカラグア革命の最終蜂起の過程を見ながら、私はその闘争の中で先住民族が果たしている大きな役割に注目していた。それに『第一の敵』で描かれている先住民族像と重ね合せて論じる形で、映画の紹介文を書いた。この場合、現実とフィクションが、偶然のことではあったが、重なり合って見えることが重要だった。手作りの自主上映運動は、一定の成果を生み出しながら三四年後の現在まで続いている。関連する図書もずいぶんと出版してきた。『インパクト』誌の別冊としてウカマウ映画のシナリオ集を出版できたことも、意味は大きかった。『第一の敵』（一九八一年）と『ただひとつの拳のごとく』（一九八五年）の二冊である。

先住民族と名づけられる人びとの存在を軸に据えるということは、歴史上、植民地主義が担った役割を考えることを意味した。一四九二年の「コロンブスの航海」以降数世紀をかけて、ヨーロッパは世界じゅうに隈なく植民地をつくり上げ、それによって自らの近代を可能にしたが、その近代に孕まれる、非ヨーロッパ地域という〈裏面〉に注目することを意味した。二〇世紀末、そのような歴史検証・思想再構築の作業は世界規模で深化した。それには、いくつかの契機が考えられる。ソ連・東欧の社会主義圏で体制崩壊が起こり、資本主義は勝利を謳歌しグローバリゼーションの時代の到来を讃えたが、翻って、ここへ至る歴史過程を検証するなかで、資本主義的な近代を可能にした植民地の存在が浮かび上がったこと。コロンブスの航海とアメリカ大陸への到達から五〇〇年目を迎えた一九九二年に、世界で一斉に、ヨーロッパ近代と植民地主義の関係を捉え返す作業が始まったこと。国連のような国際機関で、先住民族の権利を回復するための宣言が出されたり、諸活動が取り組まれたりしたこと。その結果、二〇〇一年には、国連主催で「人種主義、人種差別、排外主義、および関連する不寛容に反対する世界会議」(通称「ダーバン会議」)が開かれ、奴隷制や植民地主義に内在する諸問題が、初めて世界的なレベルで討議されたこと――確かに、従来の歴史観では捉えきることのできない、地殻の変動が起こっていた。日本社会でも、北のアイヌと南の琉球人とが、国連が認めた、先住民族が手にすべき諸権利に基づく主張を行なって、歴代の中央政府が積み重ねてきた先住権否認政策に抗議する動きが目立つようになった。『インパクション』誌においても、編集委員であった故・越田清和などの手によって、先住民族をめぐるテーマがたびたび取り上げられたことは、周知の通りである。

5　戦争と死刑と国家

先にも引用した埴谷雄高は、同じ論文でこう書いている。一九五八年のことである。政治は「死刑と戦争のあいだを往復する振子であって、ついにそれ以外たり得ない」――と。当時の埴谷は、政治(それは、「国家」あるいはその「時どきの政府」と同義であると捉えられていよう)の意思を「奴は敵である。敵を殺せ」というスローガンに見ていたのだから、いかなる個人からも集団からも超越している国家が、その存在の「至高性」を見せつけつつ他者に死を強制し得る手段として「戦争」と「死刑」の発動権を独占していることに注目したのであろう。事実、あの時代であれば（二一世紀の現在になっても廃絶のための微かな望みすら見えない戦争は論外として）死刑制度を存置している国は圧倒的に多かった。一般刑事犯であれ政治犯であれ、国内秩序を最悪の形で乱す者に対しては、刑の執行それ自体は非公開で行なわれる場合でも、究極の刑を科すことで人心の引き締めが可能だと統治者たちは考えていたのである。

だが、死刑制度の存否をめぐって、世界は動き始めた。一九世紀を含めたごく早い時期から死刑を廃止していた国々は別格として、先にニカラグアで見た例がこの時代の特徴を表わしている。以下に、この前後から死刑を廃止した国を挙げてみる。（ ）内は廃止した年度、「一部」は通常の犯罪に関してのみ廃止、言及なしはすべての犯罪に関して廃止した場合である。

ポルトガル（一九七六）、デンマーク（一九七八）、ルクセンブルグ、ニカラグア、ノルウェー、ブラジル、ペルー、フィジー（一九七九、後三国は一部)、フランス、カーボベルデ(一九八一)、オランダ(一九八二)、キプロス、エルサルバドル(一九八三、両国とも一部)、アルゼンチン(一九八四、一部)、オーストラリア(一九八五)、ハイチ、リヒテンシュタイン、ドイツ民主共和国(一九八七)、カンボジア、ニュージーランド、ルーマニア、スロベニア(一九八九)、アンドラ、クロアチア、チェコスロバキア、ハンガリー、アイルランド、モザンビーク、ナミビア、サントメ・プリンシペ(一九九〇)、アンゴラ、パラグアイ、スイス(一九九二)、ギニアビサウ、香港、セーシェル、ギリシャ(一九九三、末尾国は一部)、イタリア(一九九四)、ジブチ、モーリシャス、モルドバ、スペイン(一九九五)、ベルギー(一九九六)、グルジア、ネパール、ポーランド、南アフリカ、ボリビア、ボスニア・ヘルツェゴビナ(一九九七、後二国は一部。ボスニア・ヘルツェゴビナは二〇〇一年に全廃した)、アゼルバイジャン、ブルガリア、カナダ、エストニア、リトアニア、イギリス(一九九八)、東チモール、トルクメニスタン、ウクライナ、ラトビア(一九九九、末尾国は一部だったが、二〇一一年に全廃した)、コートジボアール、マルタ、アルバニア(二〇〇〇、末尾国は一部だったが、二〇〇七年に全廃した)、チリ(二〇〇一、一部)、キプロス、ユーゴスラビア(二〇〇二)、アルメニア

（二〇〇三）、ブータン、ギリシャ、サモア、セネガル、トルコ（二〇〇四）、リベリア、メキシコ（二〇〇五）、フィリピン（二〇〇六）、クック諸島、ルワンダ、キルギスタン、カザフスタン（二〇〇七、後二国は一部）、ウズベキスタン（二〇〇八）、ブルンジ、トーゴ（二〇〇九）、ガボン（二〇一〇）、モンゴル、シエラレオネ（二〇一一）

煩を厭わず最近の死刑廃止国を列挙したのは、これが紛れもなく現代史の動きだからである。このリストに目を走らせた私たちの多くにとっては、同時代史として進行していた事態であることを確認するために、である。ニカラグアと南アフリカの実例にことさら注目した私の記述がどこか誇張に思えるほどに、「ふつうの国」が次々と死刑を廃止している。現在、死刑廃止国と実質的な廃止国（国際人権団体アムネスティ・インターナショナルの基準では、制度が残っていても過去一〇年間にわたって死刑執行が行なわれていない国は「実質的な廃止国」に分類されている）とは合わせて一四〇ヵ国に上るが、実にその半数は、この四〇年間近くの現代史の歩みの中で死刑廃止に至ったことを、右のリストは物語っている。戦争は廃絶し得ないまでも、差し当たって死刑は廃止できた国が、これほどまでに増えたのである。政治が「死刑と戦争のあいだを往復する振子であって、ついにそれ以外たり得ない」という埴谷雄高の六〇年有余前のテーゼには、いくぶんかの修正を施さなければならないだろうか。

ＥＵ（欧州連合）は、加盟国が死刑制度を廃止していることを加盟のための必須条件に据えている。死刑の非人道性に目覚めてそれを廃止できた欧州の国のなかには、二一世紀に入って以降のアフガニスタンやイラクでの「反テロ戦争」に参戦したり、現在でもアラブ世界での無人機爆撃に加担したりしている国もある。国家にとって、死刑廃止に至るハードルは、戦争のそれよりもはるかに低いことがわかる。

この点で異様なのは、東アジア各国の情勢である。日本、中国、朝鮮民主主義人民共和国の三国はいずれも、歴代の統治者の意思で強硬な死刑存置国であり続けている。政治的には複雑な構図の中で激しく対立している三国が、こと死刑の存続という課題では「隊伍を組んでいる」のは皮肉な話である。韓国には制度は残っているが、自身がいっとき死刑囚であった金大中が大統領に就任（一九九八〜二〇〇三年）して以降、大統領は幾代も変わったが今日に至るまでの一六年間、死刑の執行はなされていない。したがって、現在では「実質的な廃止国」に挙げられている。軍事政権下では頻繁に死刑の執行が行なわれていただけに、あの時代との対比が鮮やかに見える。

こうしてみると、現在の日本はいかにも特殊な状況下にある。為政者と法務官僚には、死刑廃止に向けた意志は微塵も見られない。死刑という制度や死刑囚という存在についてほとんど情報を持たない民衆は、多くが暗黙の支持を死刑に対して与えているように見える。もっとも、廃止国の外交官に言わせると、死刑制度が存在している時代に世論調査を行なえば、どの国にあっても廃止に「否!」と答える者が多い、それが世論というものだ。制度の非人道性に気づいた政治家やメディアや言論人などがイニシアティブを発揮しなければならないのだ――という。政治レベルでの働きかけの重要性はいっこうに減じないが、私たち死刑廃止運動が考えたことは、情報が厳密に封鎖されている死刑という制度にさまざまな風穴を開けることである。制度を維持するために施されている粉飾を剥ぎ取ることである。その方法は多様にあり得ようが、まず取り組んだのは、死刑囚表現展と死刑映画週間の開催である。前者は二〇〇五年から一〇回、後者は二〇一二年から三回を数えた。死刑囚表現展は大きな反響を呼んできた。死刑囚が描いた絵を見たり、俳句や短歌を読んだりすることで、一面的にしか捉えてこなかった死刑囚という存在、および死刑制度について考え直してみたい、との印象をもつ人が多い。絵を見て「人間の魅力に気づかされた」という声すらある。死刑囚にとっても、自らが犯した行為をふり返るうえで、あるいは囚われの身でも自由な空想の世界に浸るうえで、そして冤罪を訴えるうえで、自らなす「表現」の力を実感し始めていることがうかがわれる。それが一〇年間続いてきたことの成果であろう。当初一〇年間の時限で始めたこの試みは、死刑制度廃止の展望が立たないいま止めるわけにはいかず、また新たな基金の提供者も現われて(いわゆる島田事件でいったん死刑が確定しながら、再審で無罪を勝ち取った赤堀政夫さん)、さらに五年間継続することになった。死刑映画週間にも、死刑存置の立場の人も含めて毎年多くの人びとが詰めかけて、古今東西のすぐれた映画作品から何ごとかを汲み取る場として定着してきた。来春以降も、なお続くだろう。

＊＊＊

約めて言えば、先住民族という存在を生み出した民族・植民地問題を追究するという課題において、また、国家が戦争と死刑を通じて他者の死を命令する独占的な権限を持つ事実に対する批判を深めるという課題に関しても——私たちはこの雑誌と併走することができた。この雑誌なき明日以降も、揺るぎない確信をもってこの道を進むことができるくらいの素地は、そこで育っていると信じたい。

Ⅵ 〈この3冊〉「テロ」

二〇一五年九月

①ハワード・ジン『テロリズムと戦争』大月書店、二〇〇三年
②四方田犬彦『テロルと映画』中央公論新社、二〇一五年
③アルベール・カミュ『新潮世界文学49 カミュⅡ』渡辺守章他訳、新潮社、一九六九年

一四年前の「9・11」に遭遇して、米国は世界にまたとない悲劇の主人公のようにふるまった。確かに悲劇ではあった。同時に、私は世界の近現代史を思い、米国の理不尽な軍事・政治・経済的な介入が世界各地で多くの犠牲者を生み出してきた史実に目を瞑るわけにもいかなかった。それを省みず、テロに戦争で報いる「反テロ戦争」なるものは必ず失敗する、かえって世界を混乱の極地に陥れるに違いない、と確信した。

①の著者は、第二次大戦時には米軍の優秀な爆撃手だった。のちに歴史

家となり六〇年代ベトナム反戦運動の強力な推進者だった。9・11以後の米国で、彼は考える。テロと戦争の因果関係を。口を極めてテロを非難する国家指導者が、それに対抗して発動する戦争とは何か。戦争とは最悪の「国家テロ」ではないのか。戦争をテロから切り離し国家の崇高な行為だと見せかけるのは、詐術である。テロに対抗する戦争を肯定するのではなく、テロと戦争の双方を廃絶する道はどこにあるのか。いつ／どこにあっても、ためらうことなく軍事力を行使する米国に果てしなく追従する政権下にある私たちが手離したくはない視点である。テロが起こりやすいのは、すぐに戦争を仕掛ける国が強い影響力を及ぼしている地域なのだ。※

9・11事件は、大都会の通勤時間帯に起き、すぐテレビ中継されたことで、劇的に効果を増した。テロとは、すぐれて映像的な行為である。現場で多くの人に目撃され、映像で世界じゅうの人びとが見ることで、行為は完結する。いわば見世物である。世界の映画に通じた②の著者は、「スペクタクルとしての暴力」であるテロの本質に着眼して、本書を著した。ブニュエル、若松孝二、スピルバーグらの作品を通して、テロの問題が内包する、意外なまでの現代的な広がりと切実性が浮かび上がる。

啄木が「われは知る、テロリストのかなしき心を！」と謳いえた昔はよ

※　ハワード・ジンの著作は、米国史を考えるとき、私にとって常に導きの糸である。『甦れ　独立宣言――アメリカ理想主義の検証』（人文書院、猿谷要監修、一九九三年）、『民衆のアメリカ史』全三巻（ＴＢＳブリタニカ、猿谷要監修、一九九三年）など。後者はその後、作家、Ｒ・ステフォフの手で若い世代向けに書き直されたが、それも『学校では教えてくれない本当のアメリカの歴史』上下二巻（あすなろ書房、鳥見真生訳、二〇〇九年）として翻訳・出版されている。ジンが、第二次大戦で米軍の優勝な爆撃手であったことは本文でも触れた。彼がフランス西部に投下したナパーム弾が、占領していたナチスばかりかフランスの民間人をも殺傷していたことを知って深い衝撃を受けたことは、よく知られている。だからこそ、彼がその後半生においては、右の米国史を著わす歴史家となり、「好戦国家＝米国」の只中で揺るぎない反戦活動家となったことは、人間の「可

変性」を表わすものとして示唆的である。

かったのだろうか？　啄木が書物で知った帝政ロシア下のナロードニキ（人民主義者）は、皇帝によって奪われた言葉の代わりにわが身や爆弾を投げつけた。それは後年、カミュの心をも捉えて、彼は一九四九年、③の中の戯曲「正義の人びと」を著した。無差別攻撃ではなかったテロの初源的なあり方は何を物語るのか。それが、どこで、どう間違えると、ドストエフスキーが『悪霊』（光文社古典新訳文庫など）で描いた隘路に至るのか。

テロが投げかける問題は、かくも深く、広い。

あとがき

たたかっている相手が、あまりにも卑小すぎはしないか。

虚しくも、悔しい日々が続く。たとえば、限られた貴重な時間と電車賃を使って、なぜ、日ごと・夜ごとに国会前に（東京以外に住む人たちなら、駅前や繁華街の一角に）詰めかけなければならないのか——多くの人びとがそう思いながら、過ごした夏だったろう。そして、そんな日々に、まだ終わりは見えない。

原点に戻らなければならない。

＊＊＊

本書に何度も登場する人物のことが、私の頭の中で結構な比重を占めるようになったのは、いつ頃からだったのか、正確には思い出せない。朝鮮民主主義人民共和国（以下、北朝鮮）による日本人拉致事件のことに次第に関心を持ち始めたのは、一九八〇年代半ばのことだった。そのころ、本書にもたびたび登場する雑誌『正論』や『諸君！』には、幾人もの日本人行方不明者は実は北朝鮮の工作員によって連れ去られたのだとする記事が、煽情的なタイトルを付して、頻繁に掲載されていた。真偽のほどは謎に満ちているが、この問題の行く末は、今後の日朝関係、植民地支配と戦後補償問題の解決、北朝鮮指導部が自らの体制を「社会主義」と名乗っている以上は社会主義の捉え方をめぐって重大な影響を及ぼすだろうと考えた私は、それらの記事を読み進めていた。心証的には、否定しがたいこともそこには書かれていると思われた。まもなく、一九八七年一一月、アラブ地域への韓国人出稼ぎ労働者が多数帰国するために搭乗していた大韓航空機の空中爆破事件が起こった。乗り継ぎ地で降りたふたりの実行犯は日本人の旅券を持つが、実は北朝鮮の工作員であったという発表が韓国警察によって行なわれた。ひとりの実行犯は青酸カリで自死したが、その後事態はさらに進み、生きながらに捕えられた女性は、日本人に成り済ますうえでの日本語習得は、日本から北朝鮮に連れて来られた「李恩恵《リウネ》」という名前の女性を教師にして叶えられた、と告白した。この段階で私は、右派系雑誌が行なってきた「行方不明者の日本人を連れ去ったのは北朝鮮スパイだ」という説をほぼ信じるほかはない、と思った。それから三年あまり経って、日本警察は、ある時期この日本の地から忽然と消えた一女性が「李恩恵」であると特定したと発表した。仔細に読むと、もはや疑う余地はなかった。私は、日本の社会運動圏における「北朝鮮論の不在」と「北朝鮮独裁体制への批判のなさ」を、自己批判をこめて書くようになった。「韓国の軍事独裁体制をあれほど批判してきた私たちが、なぜ、北朝鮮の独裁体制には目をつぶってきたのか」と。

あんな論証不足のことを断定的に書いて、太田は大丈夫なのか。北朝鮮が国家として拉致などしているはずがないじゃないか――私の発言を読んで、友情に満ちた「心配」をしてくれていた友人たちがいたことを、後日知った。確かに、それは、「友情の発露」ではあった。同時に、あえて記せば、友人たちの、北朝鮮政治指導部の何たるかについての「無知」も歴然としていた。無論、嗤って言うのではない。私たちは総体として、北朝鮮の歴史過程と現状に関して何も知らず、知ろうともしてこなかったのだ。

前述の雑誌には、これを機に、ますます拉致関連の記事が載るようになった。時あたかも、一九八九年から一九九一年にかけて、東欧・ソ連の社会主義体制が次々と崩壊した。拉致を行なった(らしい——この段階での受け止め方は、おおかた、このようなものだった)北朝鮮は、先に触れたように、主観的には社会主義体制を名乗っていた。日本の「世論」の大勢は、二〇世紀世界の大きな立役者としての社会主義体制が無惨に潰えていくなかで、「頑迷にも」その体制を保持し続ける北朝鮮について、メディアが報道する虚実ない混ぜのニュースを好んで「消費」するようになった。あるいは、言葉を換えれば、メディアが視聴者と読者をそのように誘導した。「社会主義」は、それへの賛否の立場を問うことなく一般的に理解されているところからすれば、「平等、公正、福祉・医療・教育、あらゆる差別の廃絶」などの価値を重視すると考えられようが、報道される北朝鮮の「実情」は、それらから遠くかけ離れたものであり、はっきり言えば、「建て前的なスローガン」と「内実」は戯画的なまでに相反していると多くの人びとは受け止めていた、と私は思う。ましてや、かの地における「自由」と「民主主義」の不在/欠如も歴然としていた。

ちょうどその頃、冒頭で触れた人物は、政治家の父親を亡くし、身代わり候補として衆院選に立候補し、当選した。一九九三年のことであった。父親の秘書を務めていたころ、拉致被害者家族からの陳情を受けていたこともあり、彼はこの問題に精力的に取り組むことで、政治家として出発した。

彼にとって、北朝鮮は、これ以上望むべくもない至高にして最良の相手（＝敵）であった。その政治信条において反共主義者である彼にとっては、日本人拉致を実行した相手国が「社会主義国」を名乗っていること自体が、それゆえに相手を貶め得るという意味で、価値であった。その歴史観において、近代日本が行なった植民地支配の意義を心底では否定したくないと考えている彼にとっては、相手国が行なった日本人拉致は、日本による植民地支配と「相殺」できる、すなわち「おあいこ」にできるという意味で、価値があった。問題の本質は「相殺なぞには、ない」ことは、彼にとっては、どうでもよかった。そこに価値をおくことで満足した彼は、「拉致問題を解決する」という掛け声とは裏腹に、解決の道筋も見つけられないままに十数年間を無為の裡に過ごして、現在に至っている。

この後に起こっていることは、本書の随所で縷縷述べた。

或る特定の時代状況の中に、それに見合ったひとりの政治家が登場し、彼がもてる能力や識見とは異次元の要素の働きによって、社会をまるごとつくり変えてしまう――民主党政権の「失敗」後の三年半のあいだ、私たちが直面している事態は、こう表現できよう。長期的に見るべきことも多々あるが、短期的に見れば、この男が浮上するきっかけとなった「拉致問題」こそが、原点だ。本書は、その社会的な背景を分析した。そして、どうするのか。本書はまた、それを〈考え抜くための〉、私なりの試行錯誤の軌跡でもある。

＊＊＊

相手側は、短く見てこの四半世紀のあいだに、右に一瞥した激動の時代に「民意」のたゆたうなかで「時を掴ん」だ。支配的な保守政党の中にあってさえ「極右」として退けられ「本流」を歩むことができなかった者たちが、である。そして、権力を取るということはこういうことか、かつて「後進国」でクーデタを起こした者たちは、まずどこよりもテレビ局・ラジオ局・新聞社を制圧してそこを自らの支配下に置いたものだったが、権力者というものは、どこであってもそうするものなのだという現実を、私たちはこの間、いやというほど見せつけられてきた。権力者によるメディア支配は、軍隊がその拠点を制圧することなくして実現できることなのだ。

同時に、私たちは見ておかなければならない。私たちもまた、この同じ長さの時間を生きていたのだということを。ならば、私たちの「怠慢」をこそ自ら鞭打たねばならない。ただひとつ、はっきりしていることがある。国家の壁をヨリ高く、ヨリ堅牢なものにする先に、私たちの「解放」はない。権力を打ち固め、たくさんの「国家機密」をつくり、戦争に備える準備をすることほど、私たち地域住民の「解放」と真逆のことはない。書名の〈脱・国家〉には、その思いを込めた。

＊＊＊

最後に、初出の時にお世話になった方々への感謝の気持ちを表しておきたい。

第1章については、当時『社会運動』編集部におられた高瀬幸途さんに。高瀬さんは、『「拉致」異論』刊行以来のこの十数年間――本書で書いてきたように状況が悪化してゆくばかりの過程で一貫して――心強い、定期的な討論相手であった。その場には常に、私の文章のよき批判的な読み手である向井徹さんもいて、一緒に討議した。

第2章については、反天皇制運動連絡会の機関誌編集に携わる皆さんに。さまざまな社会運動の現場で活動する人びとによって読まれているこの機関誌に書くときには、気持ちが張る。『派兵チェック』誌（一九九二年〜二〇〇九年）以来のことだから、二〇〇〇字前後で時評を書くことは、もう四半世紀近く続いてきた月例の作業となっている。

第3章については、私も多くの文章を寄稿した『インパクト』誌を一九七号まで刊行し続けたインパクト出版会の深田卓さんをはじめ、朝日新聞オピニオン編集部の萩一晶さん、『現代思想』編集部の栗原一樹さん、毎日新聞学芸部の木村光則さんに。

そして、本書の編集を担当してもらった現代企画室の小倉裕介さんに。企画・編集・販売に関わるかれとの協働もすでに十数年余の歳月を数えるに至った。タイトルを考えあぐねていた私に代わって、本書に名を与えてくれたのはかれである。

最後に、今回も装丁を担当して下さった本永惠子さんに。

二〇一五年一一月七日

太田昌国

政治家の「誇り高い」言葉をめぐって　『反天皇制運動カーニバル』第14号（2014年5月）
三月三一日は、消費税引き上げ前夜だけではなかった　『反天皇制運動カーニバル』第13号（2014年4月）
「真実究明・赦し・和解」の範例を遠くに見ながら　『反天皇制運動カーニバル』第12号（2014年3月）
アメリカ大陸の一角から発せられた「平和地帯宣言」　『反天皇制運動カーニバル』第11号（2014年2月）
対立を煽る外交と、「インド太平洋友好協力条約」構想　『反天皇制運動カーニバル』第10号（2014年1月）
特定秘密保護法案を批判する視点　『反天皇制運動カーニバル』第9号（2013年12月）
韓国における、日本企業への個人請求権認定の背景　『反天皇制運動カーニバル』第8号（2013年11月）
ボー・グェン・ザップとシモーヌ・ヴェイユは同時代人であった　『反天皇制運動カーニバル』第7号（2013年10月）
排外的愛国主義が充満する社会の中の異端者　『反天皇制運動カーニバル』第6号（2013年9月）
死刑囚の表現が社会にあふれ出て、表現者も社会も変わる　『反天皇制運動カーニバル』第5号（2013年8月）
諜報・スパイ騒動においても、裏面で作用する植民地主義的論理　『反天皇制運動カーニバル』第4号（2013年7月）
歴史を「最低の鞍部で越えよう」とする論議に抗して　『反天皇制運動カーニバル』第3号（2013年6月）
「外圧」に「抗する」ことの快感を生き始めている社会　『反天皇制運動カーニバル』第2号（2013年5月）
「日本人の統一」を呼号するのではなく「論争ある分岐を」　『反天皇制運動カーニバル』第1号（2013年4月）
アルジェリアの実情を伝える急使は、どこから来るのか？　『反天皇制運動モンスター』第37号（2013年2月）
銃を「内面化」した社会と、銃の放棄を展望する運動　『反天皇制運動モンスター』第36号（2013年1月）

第3章

フライデー・ナイト・フィーバーの只中で／あるいは傍らで　『インパクション』第186号（2012年8月）
日本の現在地　『朝日新聞』2013年7月17日朝刊「オピニオン欄」
マンデラと第三世界　『現代思想』第42巻3号（2014年3月臨時増刊）・総特集「ネルソン・マンデラ」
蜂起から二〇年、転換期を表明したサパティスタ民族解放軍　太田昌国のフェイスブック https://www.facebook.com/otamasakuni、2014年6月5日投稿
一九七九→二〇一四年　ある雑誌に併走した精神的スケッチ　『インパクション』第197号（2014年11月・休刊号）
〈この3冊〉「テロ」　『毎日新聞』2015年9月13日朝刊「読書欄」

【初出一覧】

第1章

「慰安婦」問題の背景　『社会運動』第416号（2015年1月）

空虚極まりない安倍晋三話法　『社会運動』第417号（2015年3月）

多元化したメディアの渦中で　『社会運動』第418号（2015年5月）

歴史を過去のことにした報い　『社会運動』第419号（2015年7月）

第2章

Abenomicsとは「コインがじゃらじゃら笑顔で輝く」の意　『反天皇制運動カーニバル』第32号（2015年11月）

国連で対照的な演説を行なったふたりの「日本人」　『反天皇制運動カーニバル』第31号（2015年10月）

内向きに「壊れゆく」社会と難民問題　『反天皇制運動カーニバル』第30号（2015年9月）

国際的な認知を得ている、沖縄の自己決定権の論理　『反天皇制運動カーニバル』第29号（2015年8月）

「グローバリゼーション」と「反テロ戦争」がもたらした一つの現実　『反天皇制運動カーニバル』第28号（2015年7月）

相手の腐蝕はわが魂に及び……とならぬために　『反天皇制運動カーニバル』第27号（2015年6月）

戦争の準備が「平和支援」？　壊れゆく言葉　『反天皇制運動カーニバル』第26号（2015年5月）

「地下鉄サリン事件から二〇年」報道で語られないこと　『反天皇制運動カーニバル』第25号（2015年4月）

東京大空襲報道から見てとるべき戦後社会の全景　『反天皇制運動カーニバル』第24号（2015年3月）

〈野蛮な〉斬首による死と〈文明的な〉無人機爆撃による死　『反天皇制運動カーニバル』第23号（2015年2月）

「戦争」と「テロ」を差別化する論理が覆い隠す本質　『反天皇制運動カーニバル』第22号（2015年1月）

朝鮮通信使を縁にして集う人びと　『反天皇制運動カーニバル』第21号（2014年12月）

四、五世紀の時間を越えて語りかけてくる、小さな本　『反天皇制運動カーニバル』第20号（2014年11月）

「慰安婦」問題を語る歴史的射程（その1）　『反天皇制運動カーニバル』第18号（2014年9月）

「慰安婦」問題を語る歴史的射程（その2）　『反天皇制運動カーニバル』第19号（2014年10月）

政府・財界が一体化して進める軍需産業振興の道　『反天皇制運動カーニバル』第17号（2015年8月）

「自発的服従」の雰囲気の中で　『反天皇制運動カーニバル』第16号（2014年7月）

日朝合意をめぐって、相変わらず、語られないこと　『反天皇制運動カーニバル』第15号（2014年6月）

【著者略歴】

太田昌国（おおた　まさくに）

民族問題研究、編集者。1943年、北海道釧路市に生まれる。1960年代に『世界革命運動情報』誌（レボルト社）の編集などに携わり、1970年代半ばの数年間はラテンアメリカ諸国を放浪。帰国後、アンデスの先住民族を主体として描くボリビア・ウカマウ映画集団の作品の上映運動や共同制作に取り組む一方で、現代企画室に加わり多数の人文書を企画・出版。南北問題、民族問題を軸にして、世界ー東アジアー日本の歴史過程と現状を分析することに関心をもつ。「死刑廃止のための大道寺幸子・赤堀政夫基金」運営委員。

著書：
『鏡のなかの帝国』（1991年）
『千の日と夜の記憶』（1994年）
『〈異世界・同時代〉乱反射』（1996年）
『「ペルー人質事件」解読のための21章』（1997年）
『「ゲバラを脱神話化する」』（2000年）
『日本ナショナリズム解体新書』（2000年）
『「国家と戦争」異説』（2004年）
『チェ・ゲバラ　プレイバック』（2009年、以上、現代企画室）
『鏡としての異境』（影書房、1987年）
『「拉致」異論』（太田出版、2003年／河出文庫、2008年）
『暴力批判論』（太田出版、2007年）
『新たなグローバリゼーションの時代を生きて』（河合文化教育研究所、2011年）
『テレビに映らない世界を知る方法』（現代書館、2013年）
『【極私的】60年代追憶』（インパクト出版会、2014年）
ほか、訳書、共編著書多数

〈脱・国家〉状況論　抵抗のメモランダム 2012－2015

発　行　2015年12月8日初版第1刷 1500部
定　価　1800円＋税
著　者　太田昌国
装　丁　本永惠子
発行者　北川フラム
発行所　現代企画室
東京都渋谷区桜丘町 15-8-204
Tel. 03-3461-5082 Fax. 03-3461-5083
e-mail: gendai@jca.apc.org
http://www.jca.apc.org/gendai/
印刷所　中央精版印刷株式会社

ISBN978-4-7738-1518-4 C0036 Y1800E

*税抜表示

〈国家と戦争〉に抗する〉現代企画室の本

メキシコ麻薬戦争　アメリカ大陸を引き裂く「犯罪者」たちの叛乱

ヨアン・グリロ＝著／山本昭代＝訳

米墨両国の歴史的関係を背景に、グローバル化と新自由主義のなか急拡大した「メキシコ麻薬戦争」の内実。国境地帯で麻薬取引と暴力に依存する密輸人たちの世界に肉迫するルポルタージュの白眉。

二〇〇〇円

チェ・ゲバラ　プレイバック

太田昌国＝著

キューバ革命から五〇余年、世界の何が変わり、何が変わっていないのか。いまゲバラをふり返ることにどのような意味があるのか。ゲバラを通じた現代社会の考察。

一六〇〇円

それでも彼を死刑にしますか　網走からペルーへ――永山則夫の遙かなる旅

大谷恭子＝著

死刑、無期、死刑。各級裁判所の異なる判決に翻弄され続けた永山則夫。永山の生の道筋から、死刑制度の是非と裁判のあり方、永山が最後に希望を託したものとは何かを、裁判を担当した弁護士が語る。

一六〇〇円

サパティスタの夢　たくさんの世界から成る世界を求めて

マルコス、イボン・ル・ボ＝著／佐々木真一＝訳

その活動と言語で従来の社会運動のイメージを一新したサパティスタ民族解放軍。ゲリラの根拠地で、フランスの社会学者がマルコス副司令に迫る長時間インタビュー。

三五〇〇円

失われた記憶を求めて　狂気の時代を考える

文富軾＝著／板垣竜太＝訳

一九八〇年代に韓国社会を覆った暴力の記憶はどこへ消えたのか。当時「反米・民主化運動の闘士」として投獄された著者による、まだ癒えぬ傷痕から生まれた「暴力論」。

二五〇〇円

アンデスで先住民の映画を撮る　ウカマウの実践40年と日本からの協働20年

太田昌国＝編

ボリビア・ウカマウ映画集団が「映像による帝国主義論」の創造を経て、先住民世界へ越境する果敢な営為と、自主上映・共同制作という形での日本からの協働実践を総括。

三〇〇〇円

〔復刻〕**甘蔗伐採期の思想**　沖縄・崩壊への出発

森秀人＝著

かつてオキナワは日本ではなかった。そして今でもそうではない……。「復帰論」喧しい六〇年代前半、その議論の中に戦闘的にわけいった沖縄自立論。

二二〇〇円